KB084201

7개 코드로 읽는 유럽 도시

일러두기

1. 인용문은 모두 저자가 원문 또는 영역본에서 우리말로 옮겼다.
2. 인명과 지명은 국립국어원 외래어표기법 원칙에 따랐으나, 일부는 통용되는 방식 또는 현지 발음으로 표기했다.
3. 시, 음악, 연극 등의 작품명은 〈 〉로 표기했고, 책은 『 』로 표기했다.

7개 코드로 읽는 유럽 도시

윤혜준 지음

아날로그

여행을 시작하며

돌·물·피·돈·불·발·꿈에 담긴 도시의 역사를 따라 걷다

제목이 말이 많다. 그래도 제목만 봐서는 이 책을 읽을지 말지 마음을 정하기는 쉽지 않을 것이다. 결정을 돕기 위해 무슨 책이 '아닌지'는 미리 밝혀둔다.

유럽 도시 여행이란 인문 기행이기 마련이다. 긴 비행 시간을 마다하지 않고 떠나 도착한 그곳에서 만나는 것은 역사, 예술, 문화다. 그러나 이 책은 유럽 도시 '여행기'가 아니다. 여행객 한 사람의 체험을 나누려고 굳이 종이를 낭비할 필요는 없다. 개인 SNS면 충분하다.

이 책은 유럽 도시 '역사서'도 아니다. 도시가 한둘이 아니고, 그 역사를 시대별로 기술하려면 책 한 권으로는 어림도 없다. 애초에 나는 그런 거창한 책으로 갈 길 바쁜 독자의 발목을 잡을 용기도 없다.

이 책은 유럽 도시 여행기도 아니고 역사서도 아니지만, 외형적으로는 여행기나 역사서를 닮아 있다. 다만, 여행의 주체는 대한민국에서 떠난 한 개인이 아니다. 이 책의 주인공은 유럽 도시들이다. 기원전 5세기부터 2020년 4월까지, 고대에서 중세, 근세에서 근대, 현대까지, 긴 시간을 여행한다. 이 여행길에서 독자는 영광과 수치, 쾌락과 고통, 아름다움과 추함, 건설과 파괴, 문명과 야만이 만들어낸 유럽 도시의 다양한 풍경과 마주친다.

여행이라는 게 늘 그렇듯 한 곳에만 오래 머물 수 없다. 발길은 각기 한 시대 한 공간씩 머문다. 그곳에서 오늘날 보이는 도시와 보이지 않는 과거의 도시를 함께 만난다. 지나간 역사를 소환하기에 이 책은 여행기가 아니라 '인문 기행'이다. 관광 상품의 가면을 쓰고 사람들을 불러 모으는 도시들로 간다. 그러나 그 위, 아래, 곁을 떠돌며 과거의 기억을 불러일으키는 보이지 않는 도시의 흔적들을 찾는다.

이 여행에서 모든 도시를 다 들를 수는 없다. 런던과 파리가 자주 등장하지만, 이탈리아 도시들이 이 책의 주역이다. 유럽의 모든 길은 이탈리아로, 로마로 통한다. 그곳이 유럽 도시 역사의 원천이다. 이탈리아에서 멀수록 발길이 덜 닿는다.

이 책의 인문 기행은 한 방향으로만 흐르지 않는다. 가이드의 깃발 아래 모여 위대한 건축물이나 인물, 사건을 따라 순차적으로 한 바퀴 돌고 끝나는 관광 여행이 아니다. 시간이나 장소에 구애받지 않고 자유롭게 여행을 이끌어줄 일곱 가지 코드를 이정표 삼아 일곱 갈래 길을 일곱 번 여행한다.

여행의 길잡이가 될 일곱 가지 코드를 소개한다.

돌. 유럽 도시들의 가장 큰 자랑거리는 역사와 전통이 배어 있는 석조 건물의 우아한 자태다. 철근 콘크리트 고층 빌딩은 전통을 급조했거나 전통이 단절된 도시들의 특징이다. 돌을 따라 먼저 여행한다.

물. 물 없이 생명이 불가능하듯 도시 또한 물 없이 존재할 수 없다. 두 번째 코드, 물과 함께 도시들을 돈다.

피. 산 자들의 몸에는 피가 흐르고 살기 위해 피를 흘린다. 현세의 삶을 위해 가축의 피를 흘린다. 유럽 도시들은 내세의 삶을 위해, 자유와 정의를 위해 흘린 피를 기억한다. 피를 따라 가는 길은 피할 수 없고, 피하면 안 될 길이다.

돈. 우리의 시대는 도시하면 돈, 돈하면 도시를 떠올린다. 그러나 돈이 이끄는 이 시간여행에서 돈만 만나지는 않는다. 예술과 구원, 죄와 벌의 장면들이 우리를 기다린다.

불. 물이 그렇듯 불 없이 살 수 없다. 물이 그렇듯 불은 삶을 파괴한다. 불과 연기 사이로 열린 여행길은 도시 문명의 심장으로 가는 길이다.

발. 유럽 도시들은 걷기 좋은, 걷기 즐거운 도시들이다. 보행자, 산책자의 길에서 '불'로 데워진 열기를 식힐 수 있을 것이다.

꿈. 꿈꾸지 않는 사람이 없듯이 꿈꾸지 않는 도시 또한 없다. 도시는 꿈을 이루기도 하고, 꿈에서 깨기도 한다. 꿈의 코드가 열어주는 마지막 길은 지금 여기, 이 책을 쓰는 2020년 코로나 바이러스로 세계인의 발이 묶인 이 순간에서 끝난다.

이 책을 쓴 이유는 유럽 도시, 서구 문명, 인류 역사에 대해서 할 말이 있기 때문이다. 그러나 하고 싶은 말을 하기 위해 유럽 도시들을 핑계 삼지는 않았다. 모든 것은 '팩트', 객관적 역사다. 여기서 말을 더 하면 여행 떠날 발길을 늦출 것이다. 이제 유럽 도시 인문 기행에 소중한 당신을 초대한다.

차례

CODE 2 물

CODE 3 피

CODE 4 돈

CODE 5 불

CODE 6 발

CODE 7 꿈

CODE 1

돌

01 2세기·16세기·18세기 | 로마 판테온

돌들이여 말하라,
신들이 어디 갔는지!

로마 판테온 내부

로마의 운명과 떼어놓을 수 없는 것이 바로 로마의 신들,
한때 판테온의 높은 자리에서 인간들을 내려다보았으나
그리스도의 십자가에 쫓겨 그 자리를 내주고 떠났다.

소개가 필요 없는 독일의 대문호 볼프강 폰 괴테Wolfgang von Goethe(1749~1832). 괴테는 어릴 적부터 꿈꾸던 이탈리아로 여행을 떠난다. 그 여행은 바이마르 궁정에서 만나 사귀던 유부녀 폰 슈타인Charlotte von Stein 부인으로부터의 탈출이기도 했다.

폰 슈타인 부인과 괴테는 연인 사이이기는 해도 육체적 관계는 맺지 않았다. 당시 괴테는 30대 후반의 미혼이었고, 글재주는 물론이고 인물 좋고 혈기 넘치는 사내였다. 20대 중반에 아우구스트 대공의 초빙으로 바이마르에 온 후로 그곳에 머물며 재능을 마음껏 발휘하기는 했으나 중부 독일의 변방도시 생활은 괴테에게 여러모로 갑갑할 수밖에 없었다.

여행의 결실은 풍성했다. 괴테는 젊은 여인과의 육체적 사랑에 눈떴고, 남부 이탈리아에 남아 있는 고대 이교도 문명의 잔해들을 둘러보았으며, 나중에 발표할 『이탈리아 여행기Italienische Reise』와 『로마 비가Römische Elegien』의 소재와 체험을 얻었다.

1786년 11월 1일, 괴테는 베네치아에서 페라라를 거쳐 드디어 고대하던 로마에 도착한다. 그는 삶의 목적 하나를 달성했다는 감격에 젖는다. 『이탈리아 여행기』에 기록된 당시 소감은 다음과 같다.

> 마침내 이 세계의 수도에 당도하였구나!
> 이제 내 유년시절 모든 꿈이 생생히 실현됐다.

괴테의 이탈리아 여행은 로마와 만나기 위한 여행이었다. 『로마 비가』에서 괴테는 로마의 돌들을 향해 외친다.

> 말하라, 돌들이여. 나에게 말해보라.

괴테는 로마의 돌들로부터 무슨 말을 들었을까?

괴테의 로마는 교황이 다스리는 가톨릭교회의 수도가 아니었다. 그는 가톨릭 순례자로 그곳에 간 것이 아니었다. 그는 당대 및 후대의 숱한 관광객과 마찬가지로 고대 로마의 영광과 쾌락의 흔적, '폐허와 기둥'에 관심이 많았다. 혹시 괴테가 신을 찾는다 해도 그것은 기독교 신이 아닌 이방의 신, 그중에서도 사랑의 신이었다. 사랑의 신 에로스Eros가 장려하는 성욕을 적극 추구하는 것은 로마에서 괴테가 하던 주요 업무 중 하나였다. 섹스와 시는 서로 궁합이 잘 맞았다. 괴테는 남근의 신 프리아포스Priapos를 찬미하는 시도 한 수 바친다.

문명세계 위에 우뚝 솟아 북아프리카와 소아시아, 서부 유럽과 저 멀리 섬나라 영국까지 지배하던 로마 제국. 제국의 이름이 곧 도시의 이름이었으며, 로마는 제국의 수도이자 산실이었다. 그리고 로마의 신들은 로마의 운명과 떼어놓을 수 없었다.

공화정 시대 로마 최고의 웅변가 키케로Cicero는 연설 사이사이에

조반니 파올로 판니니, <판테온 내부>, 1734년경

"영생하는 신들이시여!"를 외치곤 했다. 키케로는 로마의 수호신 유피테르Jupiter(제우스)의 은총 덕에 로마가 번성한 것임을 잊지 말라고 동료 원로원 위원들에게 경고하기를 즐겼다. 교묘한 정치가 키케로가 그런 말을 자주 한 것은 모든 이가 그 말을 믿었기 때문이다. '신들을 제대로 섬기는 것은 도시의 운명과 직결된다!'

건축학의 원조 비트루비우스Vitruvius는 다음과 같이 가르쳤다. "도시를 세울 때는 신전의 입지를 신중히 고려해야 한다. 유피테르와 질투심 많은 부인 유노Juno(헤라), 토종 로마 여신 미네르바Minerva(아테나), 이 세 신의 신전은 제일 높은 언덕에 지어야 한다. 장사의 신 메르쿠리우스Mercurius(헤르메스) 신전 터는 저지대 광장이 적합하다. 전쟁의 신 마르스Mars(아레스) 신전은 도시 외곽에 배치하라."

비트루비우스의 가르침은 로마를 염두에 둔 것이었다. 고대 로마에서 가장 눈에 잘 띄는 카피톨리움Capitolium(캄피돌리오) 언덕에는 유피테르, 유노, 미네르바 세 신을 위한 석조 신전이 나란히 들어서 있었다. 마르스는 시내에서 벗어난 티베르 강변 평원에 기념 광장을 조성해놓고 섬겼다. 거기서 군사훈련을 하는 모습을 보면 전쟁의 신이 흡족해 하리라 믿으며.

공화정을 무너뜨린 내전을 평정하고 최초의 황제로 등극한 아우구스투스Augustus. 그는 로마에 서 있던 기존 신전들을 재건축하거나 새로 신전들을 짓느라 여념이 없었다. 로마가 이 모든 신들의 선택을 받은 '로마 제국'의 원천이자 머리임을 만천하에 과시하기 위함이었다. 그는 로마를 밝은 대리석 신전이 즐비한 도시로 변신시켰다.

비트루비우스는 전쟁의 신 마르스뿐 아니라 사랑과 섹스의 여신 비너스Venus(웨누스, 아프로디테) 신전도 도시 성 밖에 지을 것을 권장했다. 도시 안에 사는 청소년들과 여인들이 색욕에 빠지지 않도록 하기 위해서였다. 비트루비우스가 이런 우려를 할 만한 역사적 선례가 있었다. 비너스를 열심히 모시기로 유명한 고대 그리스의 도시 국가 코린토스Corinthos(고린도)는 섹스의 여신을 위해 대리석으로 멋진 신전을 언덕 높이 지었다. 그러자 도시 거주민은 물론, 사방에서 몰려온 사내들이 아프로디테 신전에 헌금을 바친 후 여사제들과 교접했다.

로마의 장기는 섹스 장사보다는 전쟁 쪽이라, 비너스 공경은 코린토스 수준을 따라갈 수 없었다. 그러나 로마인들도 비너스를 섭섭하게 할 마음은 전혀 없었다. 로마의 신전 건축은 비트루비우스가『건축술에 대하여De Architectura』에서 지시한 내용과 거의 일치하지만, 비너스 신전만은 다소 달랐다. 로마인들은 비너스를 도시 밖으로 추방하기는커녕 콜로세움 동쪽 벨리아 언덕에 그녀를 위해 거대한 사당을 세웠다. 단, 이 비너스 신전은 섹스를 기념하고 체험하는 코린토스 식 신전이 아니라 포괄적인 의미의 '행복Venus Felix'(웨누스 펠릭스)을 섬기는 곳이고, 이 신전을 '영원한 로마Roma Aeterna'(로마 아이테르나)를 섬기는 데 같이 쓰는 조건이었다.

판테온Pantheon은 '모든 신들을 섬기는 신전'이라는 뜻이다. 이 육중한 건물은 로마 중심가에서 아직도 그 웅장한 자태를 뽐낸다. 아우구스투스보다 한 세기 후인 2세기에 트라야누스Trajanus 황제와 하드리아누스Hadrianus 황제 시대의 건축물이다. 화강암 돌기둥 현관 뒤로 펼쳐지는 원형 신전 안에는 각 신들을 위한 자리가 대리석으로 마련되어 있었다. 그 위로는 높이 원형 콘크리트 돔을 얹었다. 고대 로마 시대에는 주요 남신과 여신들의 석상이 원형 벽에 빙 둘러서 있었다. 신들은 그곳에서 영원히 늙지도 죽지도 않는 자기들과는 달리 불행히도 늙어 죽을 운명인 인간들을 경멸스럽게 내려다보았다. 판테온의 신들 중 제일 눈에 띄는 신은 단연 비너스. 그녀는 진주 귀걸이를 비롯한 온갖 보석으로 섹시함을 과시하며 서 있었다.

로렌체토, <바위 위의 성모>

그러나 사랑의 신을 만나러 로마에 온 괴테는 1,600년쯤 늦었다. 아쉽게도 그는 판테온에서 비너스의 요염한 몸매와 장신구들을 감상할 수 없었다. 비너스를 비롯한 판테온의 신들은 4세기에 로마 제국이 기독교를 받아들이자 그리스도의 십자가 앞에서 모조리 쫓겨갔기 때문이다.

이제 판테온의 신들이 서 있던 자리는 비어 있고, 그 대신 37세 나이로 요절한 르네상스 화가 라파엘로Raffaello Sanzio(1483~1520)의 무덤

만이 관광객들을 맞이한다. 라파엘로 무덤 위에는 아기를 안고 있는 젊은 어머니 석상이 서 있다. 라파엘로가 평생 즐겨 그리던 마돈나, 아기 예수와 그의 어머니를 16세기 화가 로렌체토Lorenzetto가 조각으로 구현한 작품 〈바위 위의 성모〉다.

비너스가 사라진 판테온에는 마리아가 온화한 미소를 짓고 서 있다.

02 6세기 | 라벤나 산비탈레 성당

나의 황후를
나를 대하듯 존중하라

라벤나 산비탈레 성당

라벤나 산비탈레 성당 뒤편으로 가면
유스티니아누스 황제 부부의 모자이크가 우리를 맞이한다.
1,500여 년이 흘러도 여전히 애틋하게 서로를 바라보면서.

황제의 부리부리한 눈이 준엄하게 우리를 내려다본다. 옆에 서 있는 다른 인물들도 모두 눈이 큼직하다. 그러나 그 눈과 얼굴 들은 화가의 붓이 그린 것이 아니다. 미세한 돌조각과 유리조각을 벽에 붙여 산 사람의 모습을 지어냈다.

이탈리아 볼로냐Bologna에서 완행 기차를 타고 1시간 반 정도 달리며 창밖에 펼쳐지는 한가한 시골 풍경을 감상하다 보면, 라벤나Ravenna에 도착한다. 기차역에서 걸어서 어디든 갈 수 있는 조용한 소도시 라벤나. 거기서 꼭 만나고 올 두 사람이 있다. 산비탈레San Vitale 성당 벽에서 약 1,500년째 살고 있는 유스티니아누스Justinianus 황제 부부가 그들이다.

산비탈레는 견고한 외벽이 돔을 지탱하는 전형적인 로마네스크 양식 교회로, 547년에 완공됐다. 교회 내부는 그리스도와 열두 제자를 비롯한 성인들의 모자이크로 장식되어 있다. 교회 뒤편으로 걸어 들어가면 이 교회를 짓던 시대의 최고 권력자 유스티니아누스 황제가 우리를 맞이한다. 마주보는 벽면은 아내 테오도라Theodora 황후에게 내주었다. 황제와 황후 둘 다 머리 뒤로 붉은색 후광이 선명하다. 이들은 생전에 이미 성인의 반열에 든 셈이다.

로마 황제 유스티니아누스. 그는 이탈리아 동부 작은 도시 라벤나의 오래된 교회당에 자신과 사랑하는 아내의 얼굴을 남겨놓았다. 라벤나는 그가 살던 도시가 아니다. 방문한 적도 없다. 그럼에도 그곳에 황제와 황제가 사랑한 아내의 모습이 보존되어 있다. 왜일까?

313년 로마 황제 콘스탄티누스Constantinus는 기독교를 로마의 공식 종교로 받아들였다. 하지만 로마 도시의 귀족들은 여전히 다신교 전통을 숭상했다. 아무리 막강한 권력을 손에 쥐었다 해도 귀족 지배층의 반발은 성가시기 마련이다. 황제는 330년에 로마에서 거의 1,400킬로미터 떨어진 그리스 동북부 끄트머리에 로마를 대체할 새로운 도시를 짓도록 지시했다. 그리고 새 수도의 이름은 자신의 이름을 따서 콘스탄티노플Constantinople(오늘의 이스탄불)이라 불렀다.

콘스탄티누스는 흔들리던 로마 제국을 기독교와 황제의 절대권력 위에 다시 견고하게 세워놓으려는 비전을 품었다. 그가 후대에 물려준 동로마 비잔티움Byzantium 제국의 영토는 점차 줄어들긴 하지만, 그가 세운 도시 콘스탄티노플의 명맥은 거의 1천 년간 유지됐다. 이 오랜 세월 동안 콘스탄티노플은 기독교 문명권 최고의 도시였다. 한때는 인구가 100만 명에 육박할 정도의 대도시였던 콘스탄티노플, 중세 시대에 그 화려함과 번화함에 견줄 만한 도시는 없었다. 그러나 콘스탄티누스의 꿈은 콘스탄티노플이 1453년 이슬람 세력에게 함락되며 끝내 악몽으로 변한다.

유스티니아누스가 황제 노릇을 할 때만 해도(527~565), 비잔티움 제국은 지중해 전역에 걸쳐 지배력을 유지했다. 비잔티움 제국이 이탈리아 반도마저 모조리 뺏기고 그리스와 오늘날 터키 동부로 축소

된 것은 그가 죽은 후 몇 백 년이 더 지난 후의 상황이다. 유스티니아누스 때에도 적들과의 전쟁은 끝이 없었다. 제국 사방에서 침략자들을 막느라 늘 분주한 가운데에서도 유스티니아누스는 근대 서구법의 모체가 되는 유스티니아누스 법전(로마법대전)을 편찬한다. 이로써 그의 이름은 이 법전과 함께 영구적으로 보전된다.

유스티니아누스는 이탈리아 반도에서도 고트족과 밀고 밀리는 전쟁을 계속했다. 로마를 이미 적들에게 내준 비잔티움 제국은 동쪽 라벤나를 거점 삼아 고트족에 맞섰다. 마침내 비잔티움 군대는 라벤나를 점령했다. 산비탈레 성당은 고트족 치하에서 착공됐으나 이들이 라벤나에서 쫓겨난 후 라벤나의 주교 막시미아누스Maximianus가 건축을 마무리했다. 모자이크 벽화에서 황제 옆에 십자가를 들고 있는 사람이 막시미아누스다.

성당 안쪽 모자이크는 막시미아누스 주교의 구상을 따른 작품이다. 막시미아누스의 지시를 따라 황제뿐만 아니라 황후도 수행원들을 대동한 모습으로 한쪽 벽을 차지했다. 황후 테오도라는 원래 여배우, 정확히 말하자면, '스트리퍼'였다. 기독교 제국의 수도 콘스탄티노플이지만, 옛 로마의 오락문화가 말끔히 추방된 것은 아니었다. 사람을 죽이는 검투사 경기는 금지됐으나, 연극을 핑계로 노골적인 나체쇼를 공연하는 장사까지 막지 못했다. 여배우 테오도라는 과감한 노출과 농염한 자세가 특기인 인기스타였다. 그녀는 무대 밖에서 남자들을 맞아들이는 것도 주저하지 않았다.

그러던 테오도라가 연예계를 은퇴하고, 고위 공직자의 첩으로 지

유스티니아누스 황제와 대신들

테오도라 황후와 귀부인들

내던 중 황제를 만난다. 황제는 그녀와 사랑에 빠진다. 테오도라는 파트너를 황제로 바꾼다. 이 무렵 테오도라는 예전의 그 여인이 아니었다. 그녀는 황제를 만나기 전에 이미 나체쇼 슈퍼스타의 흔적은 전혀 찾아볼 수 없는, 지극히 경건한 기독교인으로 변신해 있었다.

황제는 이미 본처가 있던 터라 테오도라를 곧바로 정실로 맞이할 수 없었지만, 본처가 죽자마자 그 즉시 그녀를 황후로 앉힌다. 사람들이 행여나 테오도라의 과거를 들먹이며 뒤에서 수군댈까 봐 유스티니아누스는 항상 황제와 황후를 동등한 자격으로 대우할 것을 명했다. 막시미아누스는 라벤나 산비탈레 성당 모자이크 벽화를 황제와 황후 모자이크가 서로 바라보도록 배치해 둘의 사랑을 멋지게 극화했다. 주교는 황제의 뜻을 잘 알고 있었던 것이다.

황제와 황후의 모습은 그 정교함과 정성스러움에 있어 어느 한쪽이 다른 쪽에 처지지 않는다. 벽화 모자이크의 재료는 대부분 채색 돌조각이나 황제와 황후의 얼굴은 유리조각으로 만들었기에 다른 얼굴들보다 더 밝고 더 선명하다. 산비탈레의 모자이크는 고대 그리스-로마 문명이 물려준 놀라운 비법들의 산물이다. 돌로 그림을 그리던 기법을 전수받은 천재 장인들의 손길이 모자이크에 고스란히 담겨있다.

03 12세기 | 볼로냐 두에 토리

내 이웃은 내 적이다

볼로냐의 두 탑, 아시넬리와 가리센다

지나친 시기심은 적개심을 낳고 이웃은 적이 된다.
'더 높이, 더 높은 돌탑을 쌓아 저들의 기를 꺾자!'
볼로냐는 빼곡히 솟아오른 탑들의 도시로 변한다.

볼로냐는 '세계 최초'와 '세계 명문 대학'을 좋아하는 한국 사람이라면 당연히 관심을 가질 만한 도시다. 세계 최초의 대학인 볼로냐 대학교는 1088년에 출범해서 오늘날까지도 이탈리아에서 명문대 지위를 유지하고 있다.

볼로냐 대학교는 처음에는 교수가 아닌 '학생회'를 주축으로 설립됐다. 법학을 공부하러 이탈리아 전역과 유럽에서 온 학생들은 '자치 길드'를 만들어 유명 법학자들을 초빙했다. 교수가 시원치 않으면 돌려보냈다. 이러한 길드들을 '우니베시타스universitas'라고 불렀기에, '유니버시티university'가 오늘날 '대학교'를 지칭하는 말로 굳어졌다. 볼로냐 대학교는 현재 볼로냐 구시가지의 일부로 관리되지만, 중세 때 대학과 도시는 서로 분리된 자치 단위였다. 도시는 대학의 자치권을 침해할 수 없었다. 도시에서 말썽 피우다 붙잡힌 학생들은 대학이 알아서 처리했다.

볼로냐 대학교뿐 아니라 볼로냐 도시 또한 외부의 간섭을 철저히 배격했다. 볼로냐를 비롯한 이탈리아 중북부 다른 도시들은 명목상으로 신성로마 제국 소속이었다. 그러나 실질적으로는 자치 도시이자, 도시 인근 영토를 지배하는 소규모 국가의 수도였다. 결국 신성로마 제국 황제의 영향력이 커지는 것을 원치 않던 이탈리아 도시들은 '롬바르디아 연맹'을 맺어 황제의 군대를 물리치고, 1183년 콘스탄츠 조약을 통해 자치권을 확보했다.

볼로냐는 내륙 교통의 요지로 사람이 모이기 쉬운 곳이었으니, 대학이 이곳에 들어선 것도 위치 덕분이었다. 내륙 도시 볼로냐는 이에 그치지 않고 운하를 개발했다. 이후로 육상 교역은 물론 그 지역 수로 교역의 중심지로 부상한다.

도시가 발전하면 사람들이 도시로 모여들기 마련이다. 도시로 모이는 사람들은 돈 냄새를 따라다니는 장사꾼이나 일자리가 절실한 빈민들만은 아니었다. 인근 시골에 거대한 농지를 소유한 귀족들도 도시로 이주해 집을 짓고 살았다. 이탈리아 중세 도시 어디서나 그러했다. 알프스 북부 유럽의 귀족들은 시골 영지에 살며 도시는 상인들이 알아서 운영하게 놔뒀던 반면, 이탈리아의 영주들은 도시에 들어와 살며 도회문명을 즐겼다. 로마 시대부터 내려온 도시문명 전통이 이탈리아에서는 단절되지 않았던 까닭이다.

재력을 뽐내려 도시로 몰려든 귀족들. 이들이 도시에 거창한 저택을 짓고 과시적 소비에 돌입하자 도시 경제는 더욱 발전했다. 도시화된 귀족들은 상인과 동업하며 비즈니스에도 눈을 떴다. 잘 알려진 피렌체Firenze의 메디치Medici 가문, 이들은 귀족 출신이지만 금융업으로 큰돈을 번다. 볼로냐에서도 이와 유사한 사례가 많았다.

경쟁심은 발전을 위한 에너지다. 그러나 지나친 시기심은 적개심을 낳는다. 여기에 진영 대결의 정치색까지 씌워지면, 내 이웃은 어느덧 나의 적이 되고 만다. 골목 건너 저택을 지은 저 가문은 내가 참아줄 수 없는 경쟁자이자 숙적. 셰익스피어William Shakespeare의 『로미오와 줄리엣Romeo and Juliet』 이야기가 문학 속 허구만은 아니다.

당시 중북부 이탈리아의 진영 대결은 황제파와 교황파의 대립으로 구현됐다. 독일인 신성로마 제국 황제들은 로마의 교황과 사이가 대체로 좋지 않았다. 황제에게는 막강한 군사력이 있으나, 교황은 황제를 파문함으로써 정통성에 흠집을 낼 수 있었다. 황제에 맞서도록 군벌을 사주하는 것도 교황의 장기였다. 황제파(기벨리니Ghibellini)와 교황파(구엘피Guelfi)의 대립은 이탈리아 각 도시 사이에서, 또한 도시국가 안에서 온갖 투쟁을 불러일으켰다. 투쟁이 유혈충돌로 비화하는 일도 매우 잦았다. 반대 진영에 대한 철저한 정치보복도 이 정치 게임의 빼놓을 수 없는 메뉴였다. 어떤 진영이 도시국가의 권력을 장악하느냐에 따라 각 도시의 명문 가문은 이권과 존립에 큰 영향을 받았다.

그러나 경쟁과 정쟁이 늘 전쟁으로 이어지는 것은 아니다. 비교적 평화로운 방식으로도 대립의 정신을 표출할 수 있다. 볼로냐의 유력 가문들 사이에서는 서로 경쟁적으로 적대적인 가문으로부터 자신을 방어하고, 동시에 이들의 기를 꺾기 위한 건축 프로젝트가 유행했다. 내 이웃은 내 적. 높은 돌탑을 짓자! 12세기와 13세기에 걸쳐 볼로냐 시내에는 거의 100개의 탑이 들어섰다. 서울의 자치구 하나 정도 되는 땅에 빼곡히 들어선 수많은 탑들. 볼로냐는 탑의 도시로 변한다.

탑을 세우기 위해서는 먼저 바닥에 5미터에서 10미터 깊이로 땅

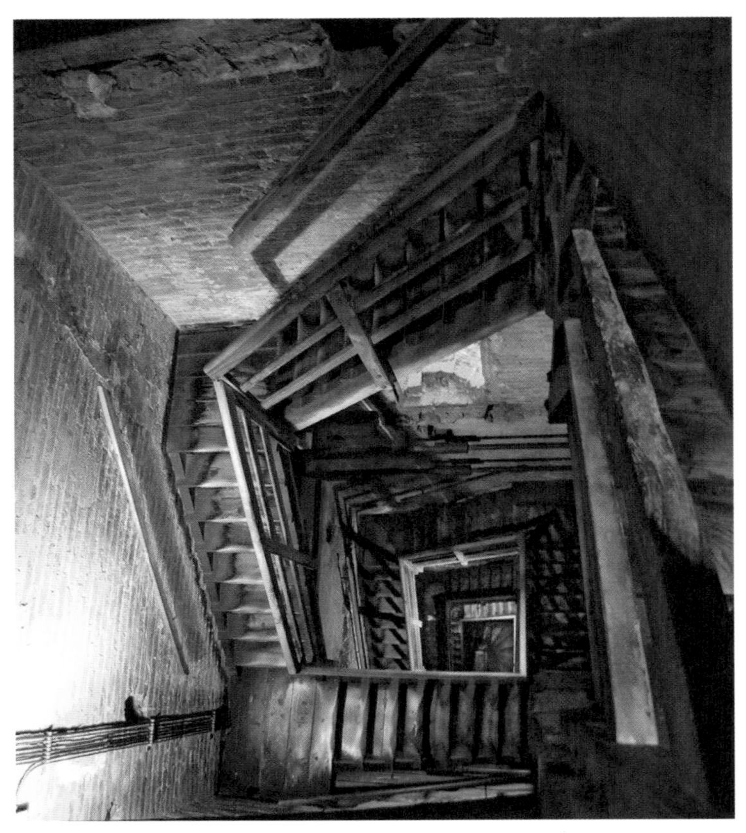

아시넬리 탑 내부의 나무계단

을 파고, 거기에 견고한 투명석고를 묻는다. 그 위에다 두꺼운 돌로 내벽을 쌓고, 외벽은 덜 두꺼운 돌로 쌓아올린다. 두 벽 사이 공간은 자갈과 석회를 넣어 채운다. 건축 기간은 평균 3년에서 길게는 10년. 성공적으로 완성한 탑 높이는 평균 60미터. 그보다 키가 더 큰 탑들도 있었다.

탑을 짓고 서로 격렬하게 대결하던 가문들은 도시의 결속력을 와해했다. 애초에 탑을 세우는 목적은 방어를 위함이겠으나 정쟁과 진영 대결로 갈려져 있던 도시의 탑들은 외부의 침공을 막아내지 못했다. 14세기에 들어오자 볼로냐의 자치권은 교황에게 넘어간다. 교황 영토 도시로 처지가 바뀐 볼로냐의 탑들은 대부분 헐리거나, 아니면 관리 소홀로 무너져 내린다. 오늘날 남아 있는 탑들은 20개도 채 되지 않는다.

'두에 토리Due Torri'(두 탑). 볼로냐 탑 중에 살아남아서 오늘날 관광명소 역할을 톡톡히 하고 있는 '두에 토리'는 둘 다 나란히 기울어져 있다. 두 탑 중 키가 더 큰 탑은 아시넬리Asinelli, 좀 더 심하게 기울어진 탑은 가리센다Garisenda. 건축 연도는 1109년에서 1119년 사이로 추정된다. 아시넬리의 높이는 97미터. 피사Pisa의 사탑이 60미터가 채 안 되니 아시넬리는 기울어진 탑 중에서 제일 높다.

아시넬리 탑은 관광객에게 개방돼 있다. 사각형 탑 안으로 498개의 나무 계단이 나선형을 이루며 꼭대기까지 연결된다. 삐걱거리는 계단을 땀을 흘리며 올라가 옥상에 도착하면, 볼로냐 구도시의 아름다운 붉은 지붕들이 발아래에 펼쳐지며 한 폭의 그림을 만든다.

이 탑이 처음 지어진 시대에 탑 위에서 보는 볼로냐 전망은 지금과는 사뭇 달랐으리라.

'나를 노려보는 다른 가문의 탑들이 내 시야를 사방에서 가로막는다. 저 탑들은 나의 적들이다.'

04 13세기 | 시에나 대성당

이 도시를 당신께 바치오니, 우리를 도우소서!

시에나 대성당

시에나 대성당 한쪽에 투박한 깃대가 세워져 있다.
1260년 몬타페르티 전투에서 피렌체를 꺾은
시에나의 자부심이자 성모께 바치는 영광의 상징이다.

두오모 디 시에나Duomo di Siena, 시에나 대성당. 기둥에서 바닥, 천장, 돔, 스테인드글라스, 눈길을 어디에 둬야 할지 모를 정도로 눈부시게 아름답다. 하얀 대리석과 검은 대리석을 교차해 얼룩말 등처럼 곱고 균등하게 지어놓은 벽과 기둥, 천장을 감상하다 눈을 내려 바닥을 둘러본다. 범상치 않다. 하얀 대리석에 홈을 만들고 거기에 채색 돌조각을 삽입해 만들어낸 모자이크 그림들이 바닥을 장식한다. 미술사가의 원조 조르조 바사리Gorgio Vasari가 "세상에서 가장 아름다운 바닥"이라고 칭찬했을 정도로, 유럽 성당이나 공공 건물 그 어디에서도 볼 수 없는 빼어난 예술작품이다.

그러다 불현듯 성당의 찬란한 실내와 어울리지 않는 검은 물체가 눈에 들어온다. 건물의 알록달록한 대리석과 어울리지 않는 투박함이다. 길이는 거의 20미터 정도이고 재질은 목재다. 홀쭉하고 날렵하다. 석주에 나란히 철로 고정해놓은 이 긴 막대기는 13세기 때 피렌체 군대가 깃발을 달았던 깃대다. 시에나가 피렌체를 꺾은 '몬타페르티 전투'를 기념하여 그때부터 지금까지 성당 안에 성물처럼 보존해오고 있다.

시에나는 피렌체에서 시외버스로 한 1시간 정도밖에 안 되는 거리지만, 두 도시가 서로 평화롭게 지낸 역사는 그리 길지 않다. 시에

시에나 대성당 바닥 모자이크

나를 비롯한 이탈리아 중부 토스카나Toscana의 도시국가들은 11세기부터 16세기까지 서로 한 치의 양보도 하지 않는 세력 경쟁에 몰입했다. 여기에 구엘피(교황파)와 기벨리니(황제파)의 진영 대결이 가미되어 타 도시나 외국 군주들과 연합전선이 형성됐다(돌 3장 참조). 한쪽이 구엘피 쪽이면, 경쟁 도시는 당연히 기벨리니. 피렌체가 구엘피였기에 피렌체의 경쟁자 시에나는 당연히 기벨리니였다. 누가 토스카나의 패권을 잡을 것인가? 두 도시는 시에나 동쪽 몬타페르티에서 외부 지원군까지 가세한 거대한 군대를 동원하여 한판 승부를 벌였다.

피렌체 측 병력은 3만 3,000이나 시에나는 불과 2만. 항복이나 후

시에나 대성당의 깃대

퇴는 시에나의 자존심이 허락하지 않았다. 그렇다고 걱정이 안 되는 것은 아니었다. 시에나의 지도자와 시민들은 모두 모여 성모 마리아에게 간절히 기도했다. "이 도시를 당신께 헌정하오니, 우리를 도우소서." 성모님은 이들의 기도를 들어주었다.

수적으로 열세인 시에나 연합군은 이 전투에서 피렌체 연합군에게 승리했다. 시에나의 첩자 보카 델리 아바티Bocca degli Abati가 적진에 잠입해 피렌체의 깃발을 끌어내렸다. 무거운 갑옷을 입고, 깃발을 보고 진격하거나 후퇴하는 것이 당시의 전투 방식이었다. 그런데 깃발이 사라졌다. 깃발이 보이지 않자 피렌체 군의 전열은 흐트러졌다. 이 틈을 타 시에나군은 적진으로 돌격해 도주하는 피렌체군 절반 이상을 사살했다. 결과는 대승. 시에나는 빼앗은 피렌체 깃대 두 개를 성모의 도시 시에나의 가장 중요한 건물, 대성당으로 가지고 들어왔다.

시에나 대성당 터에는 원래 소박한 로마네스크 양식 성당이 서 있었다. 그 자리에 화려한 대리석 건물을 세우는 작업을 1215년에 시작해 성당 건물을 완공한 것은 1263년이다. 한참 성당을 마무리할 무렵인 1260년에 시에나는 운명을 건 몬타페르티 전투를 치른 것이다.

성당 가운데 돔은 1264년에 완공됐다. 서쪽 출입구 파사드의 나이는 좀 더 젊다. 폴리크롬 대리석으로 지은 파사드 하단부는 1280년대에 마무리됐다. 돔과 외벽 장식 책임자는 니콜라 피사노Nicola Pisano와 그의 아들 조반니Giovanni로, 외벽 하층부는 로마네스크 양식인 반면, 상층부는 고딕 양식으로 지었다. 1360년대의 작업이다. 바사리가 감탄한 바닥 대리석 그림은 1400년대부터 본격적으로 착수해서 1540년대까지 이어졌다.

하느님의 영광을 위해, 성모를 공경하기 위해, 그리고 시에나의 자부심을 위해 헌신한 숱한 손길과 뛰어난 재주가 담긴 시에나 대성당의 바닥 그림까지 마무리될 무렵, 도시국가 시에나의 위력은 소진됐다.

시에나 공화국은 1555년 종말을 맞이했다. 숙적 피렌체가 스페인 왕 펠리페 2세와 연합하여 시에나를 공격하자, 시에나는 마침내 스페인 군대에 항복했다. 당시 스페인 왕은 이런저런 전쟁 비용을 피렌체 메디치 가문에게서 빚을 내 충당하고 있었다(돌 3장 참조). 이에

채권자는 채무자에게 매력적인 조건을 제시한다. '우리에게 진 빚을 시에나로 갚으면 어떻겠소?'

시에나는 유럽과 아메리카에 걸친 거대한 영토의 소유자 펠리페 2세보다는 같은 토스카나 지방의 오랜 숙적 피렌체에게 훨씬 더 가치가 컸다. 피렌체가 시에나를 손에 넣으면 토스카나를 거의 모두 지배하는 셈이 될 것이었다.

결국 시에나를 굴복시킨 피렌체. 시에나의 자치권은 빼앗았으나 시에나 대성당에 보존되어 있는 몬타페르티 전투 기념물은 건드리지 않았다. 1260년의 패배를 1555년의 승리로 충분히 만회했기에.

05 16세기·18세기 | 런던 서머싯 하우스

건축자재가 없다고?
교회를 폭파해 그 돌을 가져다 써!

카날레토, <탬스 강에서 본 서머싯 하우스>, 1745~1750년경

템스 강을 바라보며 서 있는 예술품의 신전 서머싯 하우스,
이 석조건물의 전신이 수도원과 교회를 무참히 파괴해 가져온
돌들로 지어졌음을 지금의 누군들 짐작이나 할까.

영국 왕 헨리Henry 8세(재위 1509~1547). 형이 15세의 나이에 갑자기 세상을 떠난 덕에 왕좌는 그의 것이 되었다. 문제가 하나 있긴 했다. 형이 신부를 스페인에서 데려오자마자 죽었기에 왕권 획득과 동시에 형의 미망인을 아내로 맞이해야 했다. 왕은 왕비를 사랑하지 않았다. 어차피 호감과는 상관없는 결혼. 게다가 왕비는 자신의 첫 번째 의무인 왕위계승 후보 생산에도 실패했다. 딸은 하나 낳았으나 아들은 소식이 없었다. 왕은 부인을 바꿀 궁리를 했다.

이혼은 교회법의 영역. 아무리 군주라 해도 교황이 이혼을 인정해야만 백성들도 수긍했다. 헨리로서는 처가가 스페인 왕실인 게 큰 걸림돌이었다. 교황청의 든든한 후원자인 스페인 왕실이 자기 집안 딸이 이혼의 수모를 당하는 걸 용납할 리 없었다. 하지만 이미 점찍어 놓은 여인까지 있는 왕은 마음이 급했다. 왕은 결국 파격적인 결정을 한다. '로마 교황으로부터 독립하자!'

마침 그 무렵 교황에게 대드는 분위기가 유럽에 퍼져가던 중이었다. 독일 변방의 한 수도사 겸 신설 지방대학 교수가 교황에게 감히 도전하고 나섰다. 이에 중북부 독일의 군주들도 거기에 가세했다. 이렇게 마르틴 루터Martin Luther(1483~1546)라는 이름의 탄광 집안 출신 수도사는 일약 스타가 됐다.

루터의 새로운 교리를 받아들인 독일과 스위스 지역에서는 엄청난 변화가 일어났다. 이들은 라틴어가 아닌 독일어로 예배를 드렸다. 루터는 성서를 독일어로 옮겼다. 루터를 지지하는 세력은 로마 교회의 보호를 받던 수도원들에 달려들어 건물과 재산을 몰수했다.

헨리의 사주하에 영국 교회도 로마교회에 반기를 들었다. 새 교회는 왕의 이혼과 재혼을 승인했다. 의회는 1534년에 법을 제정해 교회의 수장을 교황에서 영국 왕으로 교체했다. 영국 교회는 이제부터 예배를 영어로 봐야 하니 급하게 기도서를 만들었다. 그러나 헨리의 관심사는 로마 교회의 간섭에서 벗어나는 것, 딱 거기까지였다. 성서를 영어로 옮겨 라틴어를 모르는 평민들이 읽을 수 있게 한다? 아니 될 말씀! 성서는 하느님의 명을 거역한 왕들의 패망을 생생히 증언한다. 부자들을 저주하는 예수의 발언도 자주 등장한다. 어찌 그런 위험한 책을 천한 것들의 손에 쥐어 줄 수 있겠는가!

유럽 대륙으로 건너가 감히 성서를 영어로 옮기는 만행을 저지른 자가 있었다. 옥스퍼드 대학교에서 신학을 연구하던 윌리엄 틴들William Tyndale(1494~1536)이다. 그는 게다가 헨리 왕의 이혼이 성서적이지 않다며 반대하는 책자까지 출간했다. 영국 왕은 그를 살려둘 수 없었다. 오늘날 벨기에 지역의 가톨릭 세력이 틴들을 잡아 화형시키도록 유도했다.

종교개혁에서 헨리가 가장 관심을 둔 부분은 수도원 재산 몰수였다. 수도원이 갖고 있던 건물과 토지를 모두 빼앗아, 나도 좀 쓰고 나의 이혼과 종교개혁을 지지한 충신들에게도 나눠준다? 그렇게 해서 내 빚도 갚고, 신하들의 충성을 확보한다? 이 얼마나 좋은 일인가!

영국 전역에 걸쳐 있던 거의 900개의 수도원들에 왕의 군대가 들이닥쳤다. 수사와 수녀들을 쫓아내고, 건물을 접수하고, 저항하는 자들은 가차 없이 처단했다.

런던도 예외일 수 없었다. 런던 시내와 외곽에는 30여 개의 수도원이 자리 잡고 있었다. 이 기관들은 기도와 수행 외에도 병원, 고아원, 요양원의 역할을 하고 있었다. 도시에 넘쳐나는 빈민과 약자들에게 수도원은 최후의 안식처였지만, 탐욕스런 헨리가 이들의 사정을 봐줬을 리 없다. 주군 못지않게 탐욕스런 그의 충신들은 수도원 재산 몰수에 헌신적으로 뛰어들었다. 그 과정에서 본인들의 몫을 챙기는 데는 더욱더 헌신적이었다.

수도원을 해산하는 데 그 누구보다도 헌신적인 충신은 서머싯 공 에드워드 시모어Edward Seymour, Duke of Somerset였다. 그는 헨리의 (일곱 부인 중) 셋째 부인 제인Jane 시모어의 오빠로, 셋째 부인이 낳은 아들 에드워드Edward 6세의 외숙부였다. 서머싯은 헨리가 죽자 미성년자 조카 에드워드 6세 대신 '보호자Protector'라는 직함을 내걸고, 절대 권력을 휘둘렀다. 세상에 무서울 게 없는 서머싯은 런던 템스Thames 강변에 화려한 저택을 짓기로 결정했다. 그는 그곳에서 권세를 세세토록 만끽하고자 했다.

서머싯은 집터를 만들기 위해 템스 강변에 있던 주교들이 살던 집을 여러 채 헐었다. 그가 무슨 짓을 하건, 어린 왕을 대신해 모든 권력을 손에 쥔 서머싯에게 감히 대들 사람은 없었다. 자, 이제 토목공

문화 공간 역할을 하고 있는 오늘날의 서머싯 하우스

사는 마무리했으니 건축자재를 어디서 구할까? 마침 헨리 재위 기간에 다 몰수하지 않고 남아 있던 종교 시설들이 눈에 들어왔다. '그래, 근사한 석조건물들이니 그것을 헐어서 가져다 쓰면 되겠군!'

서머싯은 성질이 급했다. 그는 부하들에게 명령한다. '손으로 일일이 철거하자면 시간이 제법 걸린다고? 그럼 그냥 폭파해버려!' 스미스필드에 있는 구호기사단Knights Hospitaller 교회를 폭파한 후 가져온 석재로 서머싯 하우스는 조금씩 완성되어갔다. 그러던 중 그의 행복한 계획에 제동이 걸린다. 정적들의 음모에 걸려들어 권력을 잃게 된 것이다. 그는 1552년에 처형당한다. 저택이 완성됐으나 반역자의 재산이기에 왕실이 몰수했다.

런던 스트랜드Strand에서 곁에 흐르는 템스 강을 바라보며 번듯하게 서 있는 서머싯 하우스, 이 근사한 건물의 원조는 이렇게 태어났다. 17세기에는 왕비들이 이곳에 거주했으나, 18세기 들어서는 창고, 외교관 관저, 군대막사 등으로 용도가 변경됐다. 그러다 보니 건물의 겉과 속이 점차 퇴락했다. 마침내 1775년, 영국 의회는 세계 제국으로 부상하는 제국 수도에 번듯한 공공 건물이 너무 부족하다며 서머싯 하우스 재건축을 결의했다. 윌리엄 체임버스William Chambers의 설계로 1776년에 착공한 이 고전양식의 새로운 서머싯 하우스가 완전히 마무리된 것은 1856년이다.

오늘날 런던 시민과 방문객들은 서머싯 하우스 안에 있는 코톨드Courtauld 갤러리에서 마네Manet와 반고흐Van Gogh의 인상파 명화들을 감상한다. 미술관 관람객들은 서머싯 하우스의 '서머싯'이 어떤 인물이었는지 크게 개의치 않는다. 가난한 이들을 구제하던 수도원을 무참히 파괴해서 그 돌로 자기 사저를 지었던 서머싯, 그의 이름은 예술품의 신전 노릇을 하는 이 말쑥한 석조 건물 덕에 말끔히 세탁됐다.

06 18세기·19세기 | 바르셀로나 스위터델러

방벽을 헐자,
치욕을 지우자

바르셀로나 스위터델러(시우타데야) 공원

새로 등극한 스페인 왕이 '반역의 도시'에 건축한 요새는
1869년 철거되고 그 자리에 공원이 들어선다.
공원이 완성되자 감회에 젖은 한 시인은 이렇게 회고한다.
"너는 아름다운 이 도시 한가운데 난 검은 피부병이었다."

바르셀로나Barcelona는 스페인이긴 하지만, 스페인이 아니기도 하다. 스페인 북동부 자치 지방인 카탈루냐Catalunya의 수도 바르셀로나는 마드리드나 톨레도, 세비야 등 스페인의 다른 유명 도시들을 거느린 카스티야Castilla와는 그 역사가 다르다. 바르셀로나는 오랜 자치의 전통을 자랑하는 카탈루냐의 자주정신과 자존심의 상징이다. 지금은 스페인이라는 하나의 이름 아래 묶여 있지만 카스티야와 카탈루냐는 별개의 국가였다. 언어도 다르다. 카탈루냐어는 카스티야의 언어인 스페인어와는 서로 말이 통하지 않는 별개의 언어다. 오늘날에도 바르셀로나 방문객들은 모든 공식 문서나 도시 안내판, 텔레비전 방송에서 스페인어와 나란히 사용되는 카탈루냐어를 만나볼 수 있다.

바르셀로나는 12세기에 카탈루냐와 아라곤Aragon 왕실이 합쳐진 후 유럽의 주요 도시 대열에 합류했다. 14세기에 아라곤-카탈루냐 연합왕국은 바르셀로나를 거점 삼아 지중해 전역에 세력을 펼치며 해상제국으로 부상했다. 그러나 15세기에 아라곤의 페르난도Fernando와 카스티야의 이사벨Isabel이 결혼하여 공동 군주가 된 이후 바르셀로나와 카탈루냐는 카스티야의 영향권 아래 들어갔다. 그렇긴 해도 마드리드의 왕실이나 집권 세력들은 카탈루냐의 언어, 문화, 자치권을 곧장 말살하지는 않았다.

이러한 관용의 태도에 변화가 온 것은 '스페인 왕위계승 전쟁'을 치르면서부터다. 1700년에 스페인의 카를로스Carlos 2세가 자식 없이 죽자, 그 자리를 승계하려는 두 경쟁자가 나섰다. 프랑스 부르봉Bourbon 왕실의 필립Philippe과 오스트리아 합스부르크 왕실의 카를Karl, 둘 간의 경쟁이 전쟁으로 비화하자 프랑스 또는 오스트리아를 견제하기 위해 영국 등 다른 국가들이 끼어들었다. 전쟁은 스페인은 물론, 네덜란드, 이탈리아 및 신대륙의 카리브 군도까지 번졌다. 이 와중에 15세기 때 상실한 주권 되찾기를 열망하던 카탈루냐는 합스부르크의 카를이 자치권을 준다는 매력적인 조건을 제시하자, 그의 편에 선다.

전쟁은 1701년부터 간헐적으로 이어지며 교착상태에 빠져 있었다. 그러던 중 신성로마 제국 황제 자리가 비는 행운이 카를에게 굴러들었다. 독일인 카를에게는 스페인 왕보다 오스트리아 및 독일어권 전체의 황제가 되는 편이 훨씬 더 매력적이었다. 그 사이 프랑스인 필립은 이미 마드리드로 입성해 스페인 왕 펠리페 5세로 등극해 있었다. 이에 필립과 카를은 1714년에 종전협정을 맺는다.

그러나 카탈루냐는 펠리페를 인정할 수 없다며 새 질서를 거부했다. 펠리페의 카스티야 군대는 저항하는 카탈루냐를 무력으로 제압했다. 다른 모든 지역이 항복한 후에도 오직 바르셀로나만은 끝까지 버텼다. 바르셀로나는 펠리페의 군대에 포위당해 연일 계속되는 포격에 시달렸다. 비축해놓은 식량마저 동이 나자 도시는 마침내 1714

년 9월 11일 항복했다.

펠리페 5세는 반역의 도시 바르셀로나에 매서운 보복을 가했다. 도시의 자치 기구를 폐지하고, 모든 요새를 허물며, 카탈루냐 언어를 금지하고, 바르셀로나 대학을 폐교했다. 그것으로도 모자라, 바르셀로나 해변가에서 수백 년간 가꿔온 바르셀로나인들의 삶의 터전, 리베라Ribera를 강제 철거했다. 리베라의 모든 건물을 수도원이든 병원이든 하나도 남김없이 모조리 헐었다. 무려 1,200채의 민가도 흔적없이 사라졌다. 폐허가 된 리베라에 새 군주는 거대한 군사 요새를 건축했다. 이곳을 시민들은 아무런 수식어 없이 카탈루냐어로 '스위터델러Ciutadella', 즉 '요새'라고 불렀다.

'요새'의 건축가는 이방인인 네덜란드 공병 전문가 프로스페르 반 베르봄Joris Prosper Van Verboom이었다. 이 네덜란드인은 예리한 각으로 꺾인 높은 벽에서 점령군이 바로 곁에 있는 바르셀로나 시내와 항구를 감시할 수 있도록 설계했다. 펠리페 5세는 그뿐만 아니라 바닷가에 세워진 요새에서 시작해서 바르셀로나를 내려다보는 몬주익Montjuic 산까지, 거대한 방벽을 지어서 도시를 완전히 포위해놓도록 지시했다. 아울러 몬주익 산에 있던 요새를 확장해서 대포를 배치했다. 만에 하나 바르셀로나 시민들이 길거리로 나와 시위라도 하려들면, 도시 옆과 산 위에 있는 요새에서 동시에 대포를 쏴서 손쉽게 진압할 수 있었다.

요새와 방벽으로 에워싸인 바르셀로나 지도(18세기)

이 위압적인 요새와 방벽의 검은 돌들은 한 세기 반 동안 바르셀로나인들의 자존심과 자주적 민족의식을 조롱했다. 그 긴 세월 동안 바르셀로나는 활발한 경제 활동으로 정치적 패배를 보상했다. 바르셀로나가 스페인 전역에서 무시할 수 없는 국부 창출의 본거지로 발전한 19세기 중반, 마침내 마드리드 정부는 바르셀로나 방벽 철거를 허용했다. 1854년 가을과 겨울, 팔 힘을 쓸 수 있는 모든 시민들은 도끼를 들고 방벽 철거에 나섰다. 그러나 길고 두터운 방벽을 허무는 것은 쉬운 일이 아니었다. 말끔히 모든 돌들을 제거하기까지는 몇 년이 더 걸렸다.

방벽은 부서졌다. 그러나 바르셀로나인들이 가장 혐오하던 흉물, 거대한 요새 스위터델러는 아직 그대로 서 있었다. 스위터델러 철거 허락은 1869년에야 받아냈다. 도시 정부는 요새를 헐고 그 터의 반 이상인 18만 평이 넘는 넓은 부지에 멋진 공원을 만들기로 결정한 뒤 나머지 땅은 주택용지로 매각했다. 요새를 철거하고 공원이 완성된 것은 1880년대 말이다. 오늘날 바르셀로나 관광 명소 중 하나로 꼽히는 스위터델러(카스티야어로는 '시우타데야') 공원은 이렇게 태어났다.

> 저택과 수도원, 교회와 병원의 돌들,
> 이 사랑스런 도시의 뼈대를 헐고
> 말끔히 물처럼 지워버린
> 혐오스런 스위터델러,
> 너는 아름다운 이 도시의 얼굴
> 한가운데 난 검은 피부병이었다.

공원이 완성되자 감회에 젖은 카탈루냐의 시인이자 신부인 저싱 베르더게 이 선털로Jacint Verdaguer i Santaló는 얼룩진 도시의 역사를 이렇게 회고했다.

07 3세기·12세기·19세기·21세기 | 파리 몽마르트르와 노트르담 대성당

누가 노트르담을 야만스럽다 할 것인가

파리 노트르담 대성당

'고딕Gothic'은 르네상스 지식인들이
'고트 야만족의 양식'이라며 깎아내리려 만든 말,
허나 노트르담의 자태 그 어디에서도 야만성은 볼 수 없다.

파리와 기독교 순교? 왠지 어울리지 않을 것 같다. 파리는 육체적 욕망을 품위 있게 즐기자는 세속주의의 상징 아니던가. 파리가 수도인 프랑스 공화국은 '탈종교성laïcité'을 헌정의 기본 원리로 삼지 않는가. 그렇긴 하지만, 파리의 뿌리가 기독교를 먹고 자랐음을 도시의 지명들은 묵묵히 시인한다. 파리에는 이름 앞에 '생Saint' 자가 들어간 지명들이 수두룩하다. 생루이Saint-Louis, 생미셸Saint-Michel, 생자크Saint-Jacques, 생드니Saint-Denis, 생도미니크Saint-Dominique는 모두 성인들을 기념하는 수도원이나 교회가 있던 동네이기에, 그렇게 이름이 굳어졌다. 생제르맹Saint-Germain은 프랑스 최고의 축구 구단 '파리 생제르맹'으로 그 이름이 친숙하지만, 파리 센 강 왼쪽 땅에 6세기에 세워진 유명한 수도원 '생제르맹 데 프레Saint-Germain-des-Prés'가 이름의 원조다.

파리의 관광명소 '몽마르트르Montmartre'는 예술가의 동네이자 물랭루주 카바레쇼로 유명한 파리의 언덕이다. 이곳을 찾아온 관광객이나 파리 시민들이 굳이 기억하진 않더라도, 이곳 지명은 '순교자의 언덕'이라는 뜻의 라틴어 '몬스 마르티룸Mons Martyrum'을 프랑스어식으로 발음한 이름이다. '몽마르트르', '순교자의 언덕'의 순교자는 누구일까? 생 드니Saint Denis. 프랑스가 기독교와 공식적으로 인연을 끊은 세속 공화국이 되기 전에 1,000년 넘게 기독교 왕국 프랑스를 지켜준 수호성인이다.

로마 제국의 전통 다신교가 아직 기독교에 완전히 자리를 내주기 전, 이탈리아 출신 생 드니(라틴어로는 디오니시우스Dionysius)는 파리에 도착해 포교 활동을 하다가 동료 선교사 둘과 함께 붙잡힌다. 그들은 예수가 당한 것처럼 로마 군병들에게 먼저 심한 채찍질을 당한 다음 감옥에 갇힌다. 다음 날 감옥에서 끌려 나온 생 드니는 서기 250년, 메르쿠리우스 신 사당이 서 있던 오늘날 몽마르트르 언덕으로 끌려가 교수형을 당한다.

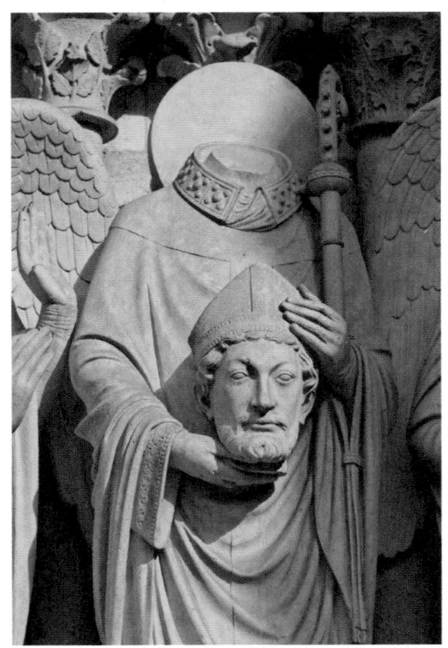

노트르담 대성당의
서쪽 정면에 있는 생 드니상

생드니 성당

전설에 따르면, 생 드니는 목이 잘린 후에도 별로 개의치 않고 자신의 목을 번쩍 손에 들고서는 약 6,000보를 더 걸어 언덕을 내려갔다. 그렇게 뚜벅뚜벅 목을 든 채 걷던 생 드니는 마침내 쓰러진다.

로마 제국이 기독교를 받아들인 후인 5세기, 생 드니가 쓰러진 터를 파리의 수호성녀 생트 주느비에브Sainte Geneviève가 구입해 그곳에 생 드니 성당을 475년경에 짓는다. 이후 636년에 이 성당으로 생 드니의 유해를 옮겨 안장하자, 이곳은 프랑스에서 가장 중요한 기독교 성지가 된다. 10세기부터 18세기까지 프랑스 왕들은 모두 죽은 후에 프랑스 수호성인의 뼈가 묻혀 있는 생드니 성당에 안장됐다.

생트 주느비에브가 지은 생드니 성당은 아담한 로마네스크 양식이었다. 그리스도를 찬미하고 미사로 그를 기념하기에는 별 문제가 없었으나, 날로 강해지는 프랑스 국가의 수호성인 생 드니의 상징적 의미를 감안할 때 교회는 다소 초라했다. 이곳의 수도원장이자 프랑스 왕 루이Louis 6세의 대신이던 쉬제르Suger는 새로운 양식으로 교회를 재건축하기로 결정했다. 이 양식은 하늘로 치솟는 첨탑, 아치 천장rip vault, 끝이 뾰족한 아치pointed arch라는 새로운 건축 기법을 선보였다. 쉬제르가 시도한 이 교회 건축 양식을 '고딕 양식'이라고 후대에 부르게 됐으나, 이 말은 르네상스 지식인들이 알프스 북쪽 서유럽의 건축 양식을 '고트 야만족들의 양식'이라며 깎아내리느라 만든 말이다.

생드니 성당 재건축에 도입된 새로운 석조 건축 기법에서 고트족처럼 야만스런 구석은 전혀 찾아볼 수 없다. 아치 천장과 뾰족한 아치로 천장의 하중을 분산시킴으로써 건물의 벽을 수직으로 높이 올릴 수 있었다. 하중이 분산된 덕에 벽면의 빈 공간도 넓게 뚫을 수 있었다. 빈 공간들은 화려한 스테인드글라스로 메웠다. 건물 천장과 외벽의 하중을 지탱하기 위해 건물 밖에는 '플라잉 버트레스flying buttress'를 세웠다. 외부와 내부, 천장과 첨탑까지 건물의 모든 구석마다 꽃과 나뭇잎 모양 장식을 새겨놓았다. 이 새로운 양식은 공학과 미학, 기능과 장식, 전체와 부분의 절묘한 결합을 구현했다.

생드니 성당이 고딕양식으로 다시 태어난 해는 1144년으로, 건축 기간은 불과 12년밖에 걸리지 않았다. 당시의 기술 수준이나 교회의 재력을 감안할 때 공사 기간이 놀랍게도 짧았다. 헌금이 풍성히 걷히고 장인들과 일꾼들이 뜨거운 열정으로 참여하지 않았다면 가능

노트르담 대성당 남쪽 입구의 장미꽃 무늬 창

하지 않은 일이었다.

생드니 성당은 곧이어 파리의 랜드 마크가 될 노트르담 대성당을 낳았다. 1163년 같은 건축가들이 같은 기술과 기법을 적용해 이 거대한 건축 프로젝트에 착수했다. 노트르담은 그로부터 무려 180여 년이 지난 1345년에 비로소 완성됐다. 하늘로 예리하게 치솟은 첨탑, 건물 북쪽과 동쪽을 지탱하는 플라잉 버트레스, 남쪽 입구의 장미꽃 무늬 창rose window, 서편 입구 위에 나란히 서 있는 두 개의 종탑. 노트르담Notre-Dame이라는 이름 그대로 '우리의 숙녀(성모 마리아)'인 그 자태는 '고딕'한, 고트족 같은 야만성과는 전혀 상관없었다.

노트르담에 고트족 뺨치는 야만이 도래한 것은 근대에 이르러서

노트르담 대성당의 '이성 축제'

다. '진보'를 추구하는 프랑스 혁명 세력은 노트르담 대성당을 유린하고 파괴했다. 1790년대에는 교회당을 술집과 댄스홀로 용도 변경했고, '이성 축제la Fête de la Raison'라는 철학적 종교쇼 공연장으로도 사용했다. '이성'의 역할은 예쁜 여배우가 맡았다. 물론 이성적 능력이 선발 기준은 아니었다.

1871년, 더 급격한 '진보'를 외치는 파리코뮌 좌익 세력들은 노트르담을 아예 태워 없애려고 교회 안의 모든 의자와 목제 가구들을 교회 한가운데 쌓아놓고 기름을 부어놓기까지 했다. 다행히도 이들은 불을 지피기 전에 진압군에 밀려 후퇴했다. 노트르담은 근대 시대의 진보적 야만족들의 공세를 모두 견뎌냈다. 양차 세계대전도 대성당을 파괴하지 못했다.

그러나 2019년 4월 15일, 성당의 지붕과 첨탑을 화염이 삼키는 참사가 발생했다. 다행히도 대성당의 몸체 돌기둥과 돌 벽들은 살아남았다. 화재가 발생한 날 저녁, 에마뉘엘 마크롱Emmanuel Macron 대통령은 화재 현장으로 달려왔다. 텔레비전 카메라 앞에서 결연한 눈빛으로 그는 고백했다. "노트르담, 이 건물은 바로 우리의 역사입니다. 우리의 거대한 사건들을 겪은 곳이 바로 여기입니다." 그리고 대통령은 선언했다. "우리는 노트르담을 다시 지을 것입니다."

역사의 소용돌이 속에서 늘 그랬듯이 프랑스의 수호성인 생 드니와 파리의 수호성인 생트 주느비에브가 노트르담을 지켜주지 않았다면, 2019년 노트르담의 화재는 아마 훨씬 더 처참했을 것이다.

CODE 2

물

01 기원전 5~4세기 | 아테네 아크로폴리스와 피레아스

남성 시민을 위하여, 오직 그들만을 위하여

아크로폴리스와 아테네 전경

아테네 시민권은 오직 아테네 자유인 부모 밑에서
아들로 태어난 자에게만 주어졌다.
아테네의 직접 민주주의는 차별, 배제와 맞물려 있었다.

아테네Athens의 아크로폴리스Acropolis에 우뚝 선 파르테논Parthenon. 2,500년 나이를 힘겨워하는 모습이긴 하나, 여전히 웅장한 기둥들 앞에서 감탄하지 않을 자 없다.

고대 아테네의 영광이 오래가지는 못했다. 기원전 1세기, 로마 제국에 편입된 후로 아테네는 도시국가로 존립하지 못했다. 로마 제국 이후로도 비잔티움 제국, 오스만 제국이 차례대로 아테네를 다스렸다. 19세기에 들어와 독립국가 그리스의 수도로 새로운 삶을 시작한 아테네의 오늘날 모습에서 고대 유적 몇 개를 빼면, 서구 도시의 원조 아테네의 자취를 찾아보기는 쉽지 않다.

물론 파르테논을 지었던 시대의 아테네는 무형의 자산으로 늘 살아 있었다. 사상과 철학의 역사에서 아테네는 잊힌 적 없다. 그렇다면 고대 아테네는 철학자들의 도시였을까? 소크라테스Socrates(기원전 470~399)와 플라톤Platon(기원전 428~348 추정)의 명성이 워낙 화려하다 보니 그런 착각을 할 수 있으나, 그렇지 않다. 진리를 탐구하는 철학자를 아테네는 거북해했다. 소크라테스의 동료 시민들은 만나는 사람마다 붙잡아 세워놓고 끝없이 불편한 질문을 해대던 그에게 사형을 선고했다.

재판은 아마추어 배심원들에 의한 민주적 인민재판. 기소 사유는 애매했다. 젊은이들에게 엉뚱한 생각을 하게 만들어 타락시키고 아테네의 신들을 무시했다며 불경죄를 덮어씌웠다. 배심원의 수는 무려 501명에 이르렀다. 아테네 시민이라면 누구나 배심원이 될 의무와 권리가 있었다. 배심원 수당도 챙길 겸 그 자리에 모인 민주 시민 280명이 유죄 표를 던졌다. 과반을 훨씬 넘긴 표였다.

그러나 소크라테스는 유죄 판결에 승복하지 않았다. '내가 죄를 지었다고? 나보다 내 조국 아테네에 더 열심히 봉사한 사람이 어디 있소? 오히려 나에게 상을 줘야지!' 소크라테스의 자기변호에 민주 시민들은 격노했다. 기소자들은 그에게 사약을 내릴 것을 촉구했다. 두 번째 표결에서는 훨씬 더 많은 수가 기소자들의 선동에 동조했다. '민주 시민의 정당한 판단을 조롱한 저 자를 죽여라!'

소크라테스의 친구 겸 제자인 플라톤은 소크라테스의 재판 과정을 지켜보았고 그것을 소상히 기록해서 후대에 남겼다. 소크라테스에게 사형을 내려 기원전 399년에 사약을 마시고 죽게 한 인민재판은 플라톤이 이러한 인민재판을 가능케 했던 민주주의를 경멸하게 만든 결정적인 계기였다. 플라톤은 『공화국Politeia』이나 『법Nomoi』 등 자신의 정치학 저술에서 민주주의와 정반대되는 엘리트의 지배를 권장한다.

플라톤은 문제 삼지 않았으나 후대의 눈으로 보면 아테네의 영화 뒤에는 어두운 면이 조금 더 발견된다. 아테네의 직접 민주주의는 철저한 차별과 배제와 맞물려 있었다. 노예와 여성은 인간 대접을 하지 않았다. 노예는 노예라고 치고, 같은 아테네 사람인 여성은 무슨 죄인가? 소크라테스 재판 때 배심원은 100퍼센트 남성이었다. 다른 재판도 마찬가지였다. 아테네의 최고 권력기구인 전체 시민회의 '에클레시아Ecclesia'도 시민 6,000명 이상만 모이면 회의 정족수가 됐으나, 여성은 아무리 부유한 명문집안 출신이라도 여기에 참여할 수 없었다. 아테네의 여러 신들을 기념하는 제사나 축제도 대부분 남성만의 잔치였다.

도시의 공공생활뿐 아니라 가정에서도 여성들의 처지는 열악했다. 그들은 '기나이코니티스gynaikonitis'로 불리는 음침한 여성 전용 구역에 갇혀 지냈다. 아내는 집에 가둬놓은, 자식이나 낳고 키우는 종이나 다름없었다. 반면에 남성들은 멋진 남성 전용 디너홀 '안드론andron'에 모여서 술시중 드는 이들을 불러놓고, 술 파티 '심포지엄symposium'('같이 마신다'는 뜻)을 즐겼다. 심지어 바람을 펴도 남성들은 여성이 아닌 젊은 또는 어린 사내에게 넋을 내주었다.

아테네가 그리스 도시국가 중 강자로 부상한 것은 강력한 해군력 덕분이었다. 기원전 480년 페르시아 대군을 살라미스Salamis 전투에서 무찌른 후 아테네는 에게 해의 다른 그리스 도시국가들의 보호자 역할을 맡았다. 그러나 보호자는 점차 착취자로 변한다. 보호의 대가로 금품을 뜯어가기 시작한 것이다. 아테네에 돈이 부족했던 것은 아니다. 아테네는 인근 라우레이온Laureion 은광에서 은을 풍족히 캐내 곡물과 물품을 수입하고 있었다. 올리브 오일도 넉넉히 생산돼서 그 여분을 수출했다. 반면에 밀은 아테네 인근에서 재배할 수 없었기에 전적으로 수입에 의존했다.

아테네 피레아스 항구

에게 해의 지배력을 보장하는 해군과 필수 곡물 수입에 동원되는 무역 상선은 아테네의 목숨과 직결된 자산이었다. 아테네에서 약 10여 킬로미터 거리에는 피레아스Pireas 항구가 있다. 오늘날은 요트와 크루즈 선들이 즐비한 관광용 항구이나 고대 시대에 피레아스는 아테네 도시국가의 생명이 걸려 있는 젖줄이었다. 아테네는 피레아스까지의 도로를 보호하기 위해 도로 양쪽에 방벽을 세워놓았다.

피레아스에서 무역과 선박, 하역 등으로 먹고사는 인구 중 상당수는 외지인, '메토이코스metoikos'였다. 아테네 시내에도 상업과 제조업에 종사하는 메토이코스들이 적지 않았다. 이들은 대개 아테네에 조공을 바치는 다른 그리스 도시 출신으로, 같은 그리스인이지만 아테네의 법으로 보면 외국인일 뿐이었다.

아테네 시민권은 오직 아테네 자유인 부모 밑에서 아들로 태어나야만 얻을 수 있었다. 아테네 남성 시민들은 외국인이나 이주민에게 '갑질'을 일삼았다. 메토이코스들은 참정권이 전혀 없었다. 이들은 아테네 시민들은 내지 않는 '외국인 세'를 내야 했다. '메토이코스'들은 아무리 돈을 많이 벌었다 해도, 토지와 주택을 구입해 소유권을 보존받을 수 없었다. 이들은 억울한 일을 당하면 법의 구제를 요청할 수 있었으나, 아테네 토종 시민을 보증인으로 데리고 가야만 했다. 행여나 아테네의 법을 어기다 걸리기라도 하면, 메토이코스들은 당장 노예 처지로 전락했다.

직접 민주주의를 구현한 공로로 모든 민주공화국들이 자신들의 위대한 원조로 추앙하는 고대 아테네. 아테네의 민주주의는 바른 말하는 현자를 죽이고 여성과 타지인은 옥죄며 한 200년을 버텼다. '민주주의'라는 말로 번역된 '데모크라티아democratia'를 말 그대로 옮기면 '군중의 지배'다. 고대 아테네의 '데모크라티아'는 '토종 남성 군중의 지배'였다.

02 13~14세기 | 피렌체 산조반니 세례당

그곳에
나는 시인으로 돌아가

피렌체 산타마리아 델 피오레 대성당

위대한 시인으로 박수 받으며 피렌체로 돌아가려던 망명객 단테의 바람은 700년이 넘도록 이뤄지지 않았다. 그의 무덤을 지키는 라벤나가 그를 놓아줄 리 없으니.

단테Dante Alighieri(1265~1321)의 『신곡Divina Commedia』은 대표적인 서양문학 고전이다. 대부분의 문학작품은 살아 있는 인물을 다룬다. 간혹 햄릿Hamlet의 부친처럼 죽은 인물이 유령으로 등장하는 경우도 있으나 흔치는 않다. 하지만 단테의 지옥, 연옥, 천국 여행에서 만나는 모든 등장인물은 이미 죽은 사람들이다. 아직 죽지 않은 사람은 작품 속의 순례자로 설정된 단테뿐.

단테가 사후세계를 여행하며 만나는 인물들은 이 세상 사람이 아님에도 여전히 산 사람들의 정치에 깊은 관심을 보인다. 피렌체 출신들은 특히 그렇다. 지옥에서 만난 첫 번째 피렌체 인물 챠코Ciacco는 두고 온 고향의 실상을 다음과 같은 한마디로 단정한다(「지옥」 6곡).

시기심으로 꽉 차서 터질 지경인 도시.

단테가 태어나서 성장하고, 시인이자 정치인으로 활동하던 피렌체는 공화정 체제였다. 피렌체 하면 떠올리는 메디치 가문의 독재는 한참 후의 일이다. 피렌체에서도 명문가 귀족들은 시내 저택마다 볼로냐와 마찬가지로 망루 탑을 짓고 서로 으르렁거리며 싸웠다(돌 3장 참조). 평민들이 권력을 잡자 사저 탑들의 높이를 줄이는 법부터 제정했다. 평민이 주도하는 피렌체 공화국에서 가장 힘 있는 자리인 '최고위원priori'은 9인이 공동으로 맡도록 했다. 최고위원의 임기는 불과 2개월. 이렇듯 견제와 균형을 제도화했음에도 피렌체에 만연한 당파 간의 경쟁과 정쟁을 막지는 못했다.

그 이유 중 하나는 외부 세력의 사주였다. 12~13세기 이탈리아 중북부 지역 전역에서 전개된 '교황파'(구엘피)와 '황제파'(기벨리니)의 대결에서 피렌체도 자유로울 리 없었다(돌 3장, 4장 참조). 단테가 활동할 당시 피렌체는 이미 구엘피가 장악했으나, 구엘피는 다시 '친교황'의 정도에 따라 '흑당'과 '백당'으로 갈려 있었다. 단테는 교황의 지나친 간섭을 배격하는 '백당' 소속이었다. 1302년, 당시 권력을 잡았던 백당 동료들과 함께 피렌체를 대표해서 단테는 교황과 협상하러 로마에 가 있었다. 그런데 그가 로마에 가 있던 사이 정권이 바뀐다.

정권을 손에 쥔 흑당은 단테를 비롯한 백당 지도부를 '적폐청산' 명분으로 기소한다. 사유는 공금 횡령. '죄인 단테가 돌아와 이 죄를 시인한다면 재산 몰수에 그치겠지만, 거부한다면 사형에 처한다.' 이것이 최종 판결이었다. 시인이자 공인으로서 자부심이 강했던 단테가 이 결정을 받아들일 리 없었다. 피렌체로 돌아가기 위해 굴욕적인 조건을 받아들이는 것만은 절대로 택할 수 없었기에 단테의 로마 출장길은 평생 이어진 망명의 출발점이 됐다.

망명생활 중 단테는 피렌체의 당쟁이 온 세상에 만연한 탐욕, 시기, 오만에서 비롯된 것임을 깨닫는다. 그러나 거기에 맞설 방안을 현실정치에서 찾을 수 없었다. 그래서 단테는 지옥, 연옥, 천국 여행

도메니코 디 미켈리노, <단테와 신곡>, 1465년

을 떠난다. 사후 세계에서는 반드시 하느님의 정의가 실현될 것임을 확인하고, 그럴 것임을 확신하기 위해.

단테는 명예회복과 복권이 수반되지 않는 한 죽는 날까지 고향으로 돌아갈 수 없었다. 그럼에도 피렌체에 대한 깊은 사랑은 그의 작품에 결결이 드러난다.

> 기뻐하라 피렌체여, 지옥에서도 너의 명성은 자자하구나.
> 여기서 벌 받는 도둑놈 중 다섯이나 그대의 시민들이니.
> (「지옥」 26곡)

이렇게 비꼬는 목소리에도 안타까움이 배어 있다. 천국에서 만난 고조부 카챠구이다Cacciaguida에게 옛 피렌체의 순수했던 모습이 어떠했는지 물으며, 의롭고 검소한 피렌체의 이상적인 모습을 상상해 보기도 한다. 무엇보다도 단테는 피렌체로 떳떳하게 돌아가는 꿈을 버리지 않는다. 지옥과 연옥 여행을 거쳐 「천국Paradiso」까지 완성한 후에 위대한 시인의 자격으로 다시 고향으로 돌아갈 수 있을까 하는 바람을 다음과 같이 진솔하게 표현하기도 한다.

> 나의 이 신성한 시가 내 적들인 늑대들을 누른다면
> 내가 어린 양처럼 잠자던 그곳으로,
> 내가 세례 받은 그곳에 나는 시인으로 돌아가
> 월계관을 쓰리라! (「천국」 25곡)

모든 유럽의 오래된 도시들이 그렇듯이 피렌체에도 수호성인이 있다. 특이하게도, 피렌체는 수호성인이 둘이다. 산타 레파라타Santa Reparata라는 여성 순교자와 복음서에서 메시아 예수의 올 길을 미리 예비한 산 조반니San Giovanni, 세례자 요한이다. 산타 레파라타의 유해를 안장한 자리에 지어진 산타레파라타 성당을 피렌체 공화국은 13~15세기에 그 유명한 '두오모'로 재건축한다.

피렌체 '두오모'의 정식 이름은 산타마리아 델 피오레Santa Maria del Fiore 대성당, 즉 '꽃의 성모 대성당'이다. 두오모 바로 앞에는 두오모의 웅장한 자태에 눌려 다소 초라해 보이는 팔각형 건물이 서 있다.

이곳이 피렌체의 또 다른 수호성인 산 조반니를 기념한 '산조반니 세례당Battistero di San Giovanni'이다. 두오모가 들어서기 전에는 이 세례당이 피렌체에서 가장 아름다운 건물이었다.

산 조반니, 세례자 요한은 나사렛 예수의 메시아 사역을 앞서 선포한 예언자다. 그는 "회개하여라. 하늘나라가 다가왔다!"(마태오의 복음서 3장 2절)를 외치며, 회개하는 자마다 물로 세례를 준다. 예수도 요한에게 세례를 받고 공식 활동을 시작한다. 이렇듯 중요한 역할을 한 세례자 요한이 피렌체의 수호성인이다. 이런 까닭으로 독립 건물로 지은 산조반니 세례당은 다른 도시 대성당 안에 있는 세례당과는 다른 특별한 지위를 갖고 있었다.

피렌체 산조반니 세례당

피렌체에서는 아기가 태어나면 산조반니 세례당에서 물세례를 받았다. 아기는 이 예식을 통해 물세례의 원조이자 피렌체 수호성인 산 조반니의 보호를 받을 자격, 다시 말해 피렌체 시민이 될 자격을 얻었다. 기독교 교회 구성원이 됨과 동시에 피렌체 공동체로 들어가는 관문, 산조반니 세례당은 피렌체인에게 상징적 · 심리적으로 절대적 의미를 지닌 곳이었다.

산조반니 세례당의 원래 자리에는 4세기부터 팔각형 세례당이 서 있었으나, 6세기에 세례당을 재건축해서 수백 년간 사용했다. 그러다 피렌체가 야심 많은 도시국가로 부상하기 시작하자, 1059년 도시의 품격에 맞는 세례당 재건축 작업에 착수했다. 팔각형 모양은 유지하되 규모와 외양을 최대한 화려하게 가꾸기 위해 건축 재료로 대리석을 사용했다. 그때까지 피렌체는 대리석을 수입할 만큼 부유하지 않았으나, 1078년에 피렌체 북쪽 언덕에 자리 잡은 자치도시 피에솔레Fiesole를 정복한 후 그곳에서 대리석을 가져다 썼다. 따라서 산조반니 세례당은 피렌체가 경쟁자를 최초로 꺾은 승리의 기념물이기도 하다. 그밖에도 초록빛 대리석은 프라토Prato에서 사왔다.

공사는 1128년에 마무리됐다. 세례당이 구현한 흰 대리석과 짙은 초록색 대리석이 서로 교차되는 얼룩말 패턴의 이 새로운 양식은 이후 피렌체를 비롯한 시에나 등 토스카나 전역의 교회 건축의 모델이 된다(돌 4장 참조).

단테는 산조반니 세례당에서 세례를 받았고, 이 아담한 건물을 감상하며 잔뼈가 굵었다. 망명객 단테에게 세례당은 고향의 따뜻함을 상징했다. 그러나 피렌체가 낳은 대시인으로 박수 받으며 산조반니 세례당으로 돌아가려는 단테의 바람은 이루어지지 않았다. 1321년, 「천국」을 완성한 후 얼마 지나지 않아 그는 당시 머물던 라벤나로 복귀하던 중 말라리아에 걸려 사망한다.

라벤나에 묻힌 그의 시신은 700년이 넘도록 아직 피렌체로 돌아가지 못하고 있다. 아마 미래에도 마찬가지일 것이다. 산비탈레 성당의 모자이크와 함께(돌 2장 참조) 이 도시의 소중한 관광자원인 단테의 시신을 라벤나가 피렌체에 내어줄 리 없을 테니까.

03 15세기 | 베네치아 아카데미아 미술관

시민과 도시,
상업과 종교는 한 몸이다

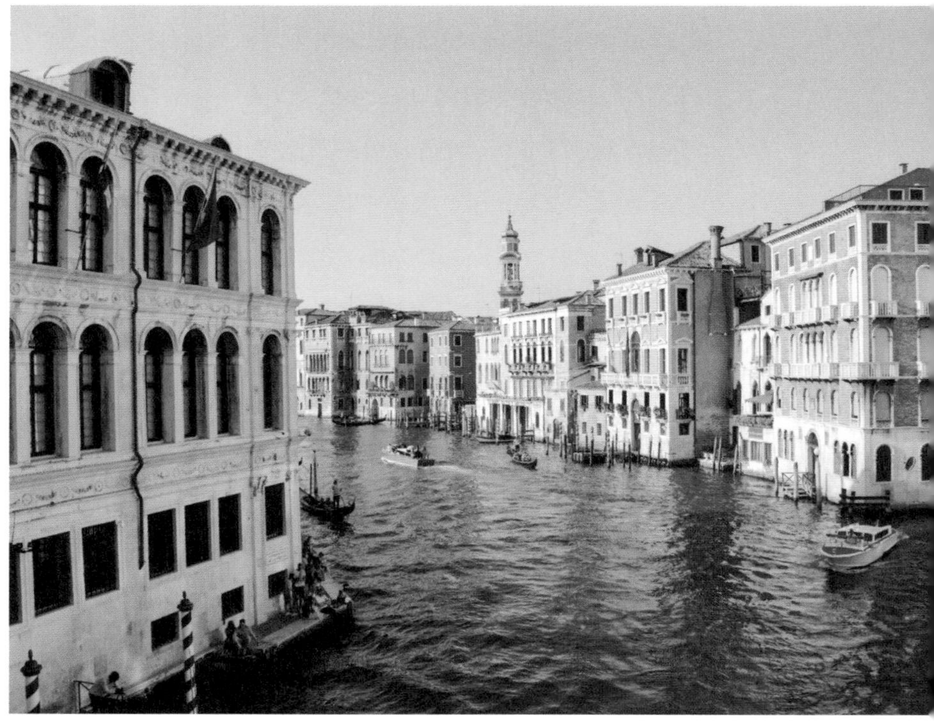

도시의 건물 사이로 바닷물이 흐르는 베네치아

불가능을 가능케 하는 운하의 도시 베네치아,
그들은 바닷물에 쉽게 손상되는 프레스코 벽화 대신
갤리선 돛으로 쓰이는 캔버스로 도시 공동체를 기념했다.

도시의 건물과 건물 사이를 유유히 흐르는 물은 강물이 아니다. '운하canal'라고 불리지만 운하의 물은 아드리아Adria 해 바닷물이다. 어떻게 바닷물이 이렇듯 잔잔할까? 가늘고 길게 펼쳐진 사주 섬들이 천연 방파제 역할을 해준 덕분이다. 거센 파도를 긴 섬들이 막아주면, 바닷물은 온순해져 사주 섬 사이로 흘러들어와 이 도시의 교통로 역할을 한다. 옹기종기 모여 있는 작은 섬과 섬을 잇고 갯벌을 개간해 지어놓은 도시, 베네치아Venezia. 약한 지반에다 든든한 나무기둥을 무수히 박고, 그 위에 벽돌과 돌로 길을 만들고 건물을 지었다.

갯벌을 메우고 그 사이 바닷물로 길을 내어 지은 베네치아에서는 모든 것이 다른 내륙 도시와 같을 수 없었다. 도시의 건물 벽들을 장식할 벽화의 경우도 그러했다. 바닷물의 소금기는 (덜 마른 벽에 물감을 입혀 벽과 함께 굳게 하는) 프레스코 벽화를 쉽게 손상시킨다. 불가능을 가능케 하는 도시 베네치아. 프레스코의 대안으로 찾아낸 것은 놀랍게도 이들이 가장 잘 만드는 소재, 베네치아 갤리선의 돛으로 쓰이는 캔버스였다.

캔버스에 그림을 그리는 것은 돌 벽에 물감을 먹이는 프레스코보다 훨씬 더 수월할 뿐더러 다이내믹한 색채를 표현하기에도 용이하다. 특히 순간의 동작을 잡아내기에 캔버스 화폭은 안성맞춤이다.

산마르코 광장과 산마르코 대성당

산마르코San Marco 광장의 팔라초 두칼레Palazzo Ducale(두칼레 궁전) 대회의실에 걸려 있는 어마어마한 크기의 캔버스들. 아드리아 해를 지배하던 베네치아 갤리선들의 펼친 돛과 같은 재질의 팽팽한 그 캔버스들이 머금은 기름 물감들은 베네치아 공화국의 자랑스러운 역사를 생생하게 묘사한다.

산마르코 광장에서 대운하Canal Grande 반대편에 있는 아카데미아 미술관Gallerie dell'Accademia. 이곳은 엉뚱하게도 베네치아와 별 인연도 없는 레오나르도 다빈치Leonardo da Vinci(1452~1519)의 스케치, 〈인체 비례도〉(비트루비우스적 인간)가 소장돼 있는 곳으로 유명해졌다. 다빈치의 스케치가 베네치아로 이주한 것은 19세기 초다. 그 이전까지 아카데미아 미술관의 주인공은 다빈치가 아니라 베네치아 캔버스 유화의 거장들인 벨리니Bellini 형제, 조르조네Giorgione, 티치아노Tiziano, 틴토레토Tintoretto, 베로네세Veronese였다.

베네치아 방문객이 아카데미아 미술관에서 꼭 만나볼 캔버스 명작 중에는 다음 두 점의 베네치아 도시 그림이 당연히 포함될 만하다. 젠틸레 벨리니Gentile Bellini(1429~1507)의 〈산마르코 광장의 행렬〉과 〈산로렌초 다리의 십자가 기적〉. 두 캔버스 그림은 템페라를 사용했기에 티치아노 등 16세기 대가들의 활달한 유화 터치에 비하면 다소 정적인 느낌을 준다. 그러나 이러한 정물성은 도시 공간의 건축물을 세밀히 표현하는 데 더 적합하다.

그림의 주인공은 이 놀라운 도시와 도시의 시민들이다. 어느 한 인물의 얼굴도 뚜렷이 보이지 않지만, 수많은 이가 등장한다. 화폭 전체에서 각자가 배정받은 공간은 제아무리 유명인사라 해도 모두 균등하다. 그림의 소유자도 개인이 아니라 시민 단체, 정확히 말하면 '지도층 시민'들의 클럽인 '스쿨라scuola'였다. 상업과 무역으로 큰 돈을 번 베네치아의 공인시민cittadini들의 자선 모임인 '스쿨라'는 평신도 종교 활동과 구제 활동을 목적으로 결성된 단체였다. 벨리니의 그림들은 '스쿨라 그란데 디 산 조반니 에반젤리스타Scuola Grande di San Giovanni Evangelista', 즉 복음사가 성 요한을 수호성인으로 모시는 '스쿨라'가 위촉한 작품들이다.

복음사가 성 요한 '스쿨라'는 '스쿨라' 중에서도 '1부 리그'인 열 개의 '스쿨라 그란데' 중 하나였다. 이 클럽은 아주 특별한 성물을 소유

젠틸레 벨리니, <산마르코 광장의 행렬>, 1496년

하고 있다는 것이 큰 자랑거리였다. 그것은 다름 아닌 예수 그리스도를 매달았던 십자가의 나무 조각 파편. 온 인류를 구원하기 위해 자신을 내준 하느님의 아들 예수, 그의 피와 고통이 배어 있는 십자가 나무 조각이라니, 이보다 더 고귀한 성물이 어디 있을까? 하지만 진품인가? 이 성물은 일련의 기적을 통해 진품임을 증명한다. '스콜라'는 이 기적들을 열 개의 그림으로 묘사해 회관에 걸기로 하고, 시내의 대표 화가들에게 작품 제작을 위촉한다. 십자가 나무 조각의 기적을 묘사한 그림 중 두 점이 젠틸레 벨리니에게 배정됐다.

첫 번째 그림 〈산마르코 광장의 행렬〉이 다루는 기적은 1444년 4월 25일, 이 스콜라의 수호성인 성 요한 기념일 사건이다. 십자가 성물을 들고 성 요한 스콜라 회원들이 산마르코 광장을 돌던 중 한 사람이 십자가 조각 앞에 무릎을 꿇고 간절히 기도한다. 그는 브레시아Brescia에서 온 상인으로, 고향에서 죽어가는 중인 자기 아들을 살려달라고 간청한다. 이후 브레시아로 돌아가 보니 그의 아들은 기적적으로 살아나 있었다.

워낙 많은 사람이 등장하기에 그림에서 브레시아 상인의 모습은 자세히 봐야 찾아낼 수 있다. 성물 앞에 무릎 꿇은 이가 해당 인물이다. 특별히 브레시아 상인을 강조하지 않은 것은 그림의 실질적 주인공이 산마르코 광장과 산마르코 대성당이기 때문이다. 자선을 목적으로 결성한 상인들의 '스콜라'가 화면 전면에 길게 늘어섰고, 산마르코 광장과 대성당은 베네치아의 번영을 책임진 베네치아 상인들을 품에 안고 있다. 이 그림에서 시민과 도시, 상업과 종교는 한 몸을 이룬다.

두 번째 그림 〈산로렌초 다리의 십자가 기적〉이 묘사한 기적은 이 '스콜라'가 처음 십자가 성물을 얻게 된 지 얼마 안 된 14세기에 벌어진 사건이다. 성물을 들고 산마르코 광장을 돈 후 대략 8분 정도 걸리는 산로렌초San Lorenzo 다리에 도착했을 때, 그만 성물을 들고 가던 사람이 발을 헛디뎌 성물이 다리 밑 운하로 떨어진다. 좁은 운하는 그림에 묘사된 대로 시퍼런 녹조가 낀 더러운 물이었다. 그러나 이 귀한 성물이 그대로 흘러가 버리게 할 수는 없으니, 성 요한 스콜라 멤버 여럿이 뛰어들어 십자가 조각을 잡으려고 허우적거린다. 하얀색 가운을 입은 채 물에서 헤엄치는 사람이 그들인데, 성물을 간신히 건져 올려도 자꾸만 손에서 미끄러져 빠져나간다. 마침내 스

젠틸레 벨리니, <산로렌초 다리의 십자가 기적>, 1500년경

콜라의 회장인 안드레아 벤드라민Andrea Vendramin이 십자가를 잡는데 성공한다. 회장님의 헌신과 열심을 성물이 기특하게 생각했다는 증거였다.

다른 스콜라 회원과 시민들이 산로렌초 다리 위에 빼곡히 서서 이 광경을 지켜보고 있다. 운하 옆 돌제방 '폰다멘테Fondamente'에도 사람들이 늘어서 있다. 사람들의 복장과 주위 건물의 창문 장식, 굴뚝, 디테일은 매우 사실적으로 묘사되어 있다. 이 그림은 개인의 초상화가 아닌 도시의 집단 초상화다.

이 그림에서 가장 눈에 띄는 것은 산로렌초 다리 밑을 흐르는 운하다. 흔히 생각하는 맑은 바닷물 색과는 거리가 멀다. 다리 밑에는 사람과 짐을 나르는 곤돌라들이 몰려 있다. 도시의 생활에 깊숙이 개입해 있는 바닷물 골목길, 초록빛 운하에서 풍기는 쾨쾨한 하수구 냄새까지 전해지는 듯하다. 그런 냄새 정도는 개의치 않는 베네치아 상인들의 종교적 열정에 이 그림은 박수를 보낸다.

04 1세기·17세기 | 로마 나보나 광장

물만 나오면 다인가, 아름답게 꾸며야지

세 개의 분수가 있는 로마 나보나 광장

1년의 반은 덥고 건조한 도시 로마,
분수를 재건하거나 새로 만드는 것만큼 교황이
서민의 마음을 살 수 있는 확실한 방법은 없었다.

트레비Trevi 분수. 로마의 여러 분수 중 가장 유명한 필수 관광 코스다. 동전 세 개를 뒤로 던지면, 첫째 동전 덕에 로마에 다시 오고, 둘째 동전 덕에 연인을 만나고, 셋째 동전 덕에 결혼에 골인한다는 전설이 내려온다. 언제부터 시작된 전설인지는 분명치 않지만, 아무튼 이 분수에 던져지는 동전의 양은 엄청나다. 매일 쌓이는 평균 3,000유로, 약 450만 원에 육박하는 동전들은 가난한 이들을 돕는 데 쓰인다. 동기야 어찌됐든 동전 던지기가 전혀 무익한 유희만은 아닌 셈이다.

트레비 분수는 고대 로마인의 놀라운 토목 기술이 담긴 수로 중 하나가 끝나는 지점이다. 수로는 고대부터 근세까지 오랜 세월 로마인들에게 물을 공급하는 역할을 해왔다. 대리석 조각으로 화려하게 가꾼 트레비 분수는 1762년 작품으로, 로마의 유적 중에서는 나이가 어린 편이다. 트레비 분수 재건축 프로젝트는 1629년에 이미 한 차례 구상된 적이 있었다. 당시 교황 우르바노Urbano 8세가 건축과 조각의 귀재 잔 로렌초 베르니니Gian Lorenzo Bernini(1598~1680)에게 기존의 분수대를 멋지게 재건하는 작업을 시킬 참이었으나 교황이 서거하는 통에 더 이상 진행되지 않았다.

로마에서 베르니니가 설계하고 완성한 걸작 분수는 나보나Navona

광장에서 만나볼 수 있다. 나보나 광장은 원래 1세기에 세워진 고대 로마의 마차 경기장이었다. 당시 로마에는 키르쿠스 막시무스Circus Maximus라는 대형 경기장이 이미 있었다. 길이 621미터에 폭 119미터인 타원형 경주장에서 말 세 필이 끄는 마차들이 몇 바퀴씩 돌며 승부를 가렸다. 나보나 광장에 세워진 경기장 키르쿠스 아고날리스 Circus Agonalis('나보나'는 '아고네스'가 변형된 말이다)는 길이가 276미터로 키르쿠스 막시무스보다 규모는 훨씬 작았으나 폭이 106미터라 경주마차가 타원형 끝을 돌기에는 충분했다.

고대 로마인들은 마차 경주에 열광했다. 입장료가 무료이니 관람석은 연일 만원이었다. 관중은 각 팀을 응원하는 팬들로 갈려 서로 상대방을 야유했다. 어떤 팀이 우승할지 돈을 거는 도박꾼들, 낮술에 거나하게 취한 주당들, 사람들의 호주머니를 노리는 소매치기들, 사내들의 허리띠를 잡아끄는 매춘부들로 경기장 주변도 늘 난장판이었다.

로마 제국이 쇠퇴한 후 길쭉하게 펼쳐져 있던 나보나 광장의 경기장은 무너지고, 그 터에 시장이 들어섰다. 교황 식스토Sixtus 4세가 15세기 말에 이곳 시장을 캄피돌리오 언덕 쪽으로 이주시킨 후 나보나 광장은 공공부지로 보존된다. 나보나에 본격적으로 손을 대기 시작한 인물은 교황 인노첸시오Innocentius 10세. 1644년에서 1655년까지 그는 가톨릭교회의 수장 역할을 했다. 교황은 로마 도시 및 이탈리아 중부 지방의 군주이기도 했다(돌 3장 참조). 자신의 통치를 받는 백성들, 특히 로마의 주민들을 돌보는 것도 그의 중요한 책무였다.

그의 가문 저택인 팔라초 팜필리Palazzo Pamphilj가 바로 나보나 광장을 바라보고 있기에, 그는 그곳에 특별한 애착심을 갖고 있었다. 이 광장을 어떻게 사용할 것인가? 교황의 생각은 분명하고도 간단했다. 분수를 만들자.

분수를 재건하거나 새로 만드는 것은 교황들이 로마 서민들의 마음을 살 수 있는 아주 확실한 방법이었다. 1년의 반은 덥고 건조한 이 도시에서, 멋지게 조각한 분수대에서 공짜로 맑은 물을 받아 마신다! 교황님 감사!

1580년대에 식스토 5세는 고대 로마의 세베루스Severus 수로를 고쳐 청정지역 팔레스트리나Palestrina에서 지하 파이프로 물을 끌어왔다. 그 덕에 27개 로마의 분수들에서 물이 풍성히 흘러나왔다. 1600년대 초에 파올로Paolo(바오로) 5세는 1,500년 전에 트라야누스 황제가 지은 수로를 수선하는 대공사를 발주한다. 새로 정비한 수로는 로마 북서쪽 브라치아노Bracciano 호수의 맑은 물을 바티칸Vaticano 남쪽 트라스테베레Trastevere까지 연결했다. 파올로 5세는 1612년에 자니콜로Gianicolo 언덕에 이 수로의 종착점을 기념하는 분수, 자신의 이름을 딴 '아쿠아 파올라Acqua Paola' 분수를 짓는 것으로 이 대사역을 마무리했다. 물을 사랑한 파올로 5세는 그 외에도 여러 분수를 로마 전 지역에 새로 만들었다.

인노첸시오 10세가 로마의 통치자가 됐을 때는 앞선 교황들 덕에 물 자체가 부족하지는 않았다. 그러나 분수는 단지 물을 공급할 뿐 아니라 그것을 바라보는 눈도 즐거워야 한다. 교황은 그리스도 교회

나보나 광장에 있는 콰트로 피우미 분수

의 수장이지만, 로마를 아름답게 가꾸는 것 또한 교황의 책임 아니던가. 그러면 새 분수는 누가 만들 것인가? 이 질문에 대한 답은 분명하고 간단했다. 베르니니.

나보나 광장 한가운데 높은 오벨리스크를 등에 대고 있는 조각품이 베르니니가 1651년에 완성한 '콰트로 피우미Quattro Fiumi' 분수, 즉 '네 강의 분수'다. 분수의 토대는 타일용으로 쓰이는 트래버틴travertine 돌로, 아무리 물이 닿아도 변하지 않는 석재다. 그 위에 베르니니는 나일, 다뉴브, 갠지스, 라플라타의 네 개 강을 상징하는 인물들을 대리석으로 조각해놓았다. 근육과 수염의 유려한 곡선들. 사람이 손으로 돌을 깨서 만들었다고는 믿어지지 않는다. 변하지 않는 조각상 밑으로 분수의 물줄기는 끝없이 변한다. 이보다 더 경이로운 조형예술이 또 있을까?

나보나 광장은 콰트로 피우미 분수 외에 광장 북쪽과 남쪽에 분수가 하나씩 더 있다. 베르니니는 남쪽에 있는 '모로Moro' 분수(무어인 분수)를 다른 조각가들과 합작해서 1654년에 완성했다.

베르니니의 '네 강의 분수'까지 무려 분수가 세 개나 들어선 나보나 광장. 풍성한 물과 살아 있는 대리석의 향연으로, 예술을 사랑한 교황과 천재 조각가는 돌에서 솟는 아름다운 생명수의 잔치로, 모든 이를 초대한다.

05 17~18세기 | 프랑크푸르트 작센하우젠

독일은 맥주? 프랑크푸르트는 사과주

프랑크푸르트 암 마인의 작센하우젠 사과주 주점

사람들은 포도주 제조가 불가능해지자 대체상품을 찾았다.
'압펠바인Apfelwein'은 사과와인이란 뜻으로,
와인 대신 사과주가 프랑크푸르트 시민들을 달랬다.

'마인 강변 프랑크족 여울', 독일 프랑크푸르트의 이름인 '프랑크푸르트 암 마인Frankfurt am Main'을 그대로 번역하면 이런 뜻이다. 강 이름이 도시에 붙어 있을 정도로 강과 이 도시의 관계는 돈독하다. 이름이 이렇게 길어진 것은 또 다른 프랑크푸르트가 독일 동쪽에 있기 때문이다. 이 또 다른 프랑크푸르트도 '프랑크푸르트 안 데 오더Frankurt an der Oder', 즉 '오더 강변 프랑크푸르트'다. '프랑크푸르트 암 마인'과는 서로 다른 강 이름으로 구분된다. 이름처럼 '프랑크푸르트'는 늘 강물과 같이 붙어 있는 이름이다.

아무리 강물과 친한 도시라고 해도 유럽 도시 사람들이 물만 마시고 살지는 않았다. 도시에 인구가 늘면 강물이 오염되고, 강물을 그대로 마시기 어려워지는 것도 한 가지 이유다. 그렇지 않더라도 어찌 사람이 물로만 갈증을 달랠까. 유럽 도시치고 술을 즐기지 않는 곳은 없었다. 포도주가 늘 곁에 있는 남부 유럽뿐 아니라, 알프스 북쪽의 선선한 유럽 도시들에서도 알코올 성분 음료는 생활의 필수품이었다. 런던은 에일, 뮌헨은 바이젠, 암스테르담은 라거. 프랑크푸르트의 술은?

먼저 이 도시의 내력을 간략히 살펴보자. 프랑크푸르트 암 마인을 비롯한 중세 독일의 도시들은 상당한 자치권을 누렸다. 도시 거

아이젤너 다리와 프랑크푸르트 대성당

주민들은 지방 토호들에게 시달리는 농민들과는 처지가 달랐다. 그래서 생긴 유명한 말이 '도시의 공기는 자유를 준다Stadtluft macht frei'. 도시 거주 1년이 지나면 일정한 권리를 행사할 수 있다는 중세 독일법의 원칙이다. 이탈리아의 도시들은 독일인 신성로마 제국 황제와의 투쟁을 통해 자치권을 획득하고 자치도시로 발전했다(돌 3장 참조). 독일의 도시들은 반대로 신성로마 제국 황제의 보호를 획득함으로써 황제와의 인연을 내세워 자치권을 얻었다. 이들은 '자치도시Freiestadt' 또는 '제국도시Reichstadt'로 불렸다.

프랑크프루트는 두 명칭을 다 사용한 '자치제국도시.' 다른 어떤 도시보다도 황제와의 인연이 깊었다. '프랑크족의 여울' 프랑크푸르트에서는 885년부터 프랑크족 무사 샤를마뉴Charlemagne의 대를 잇는 신성로마 제국 황제의 선출식이 열렸다. 1562년부터는 황제의 제관식도 프랑크푸르트에서 거행됐다. 이렇듯 중요한 황제의 도시이니 프랑크푸르트는 인근 군주나 귀족들에게 시달릴 걱정 없이 상업과 생업에 몰두할 수 있었다.

상업이 번성하는 다른 어떤 도시와도 마찬가지로, 프랑크푸르트에서 자유로운 공기를 마시는 시민들의 생활 수준이 균등하지는 않았다. 제일 싸고 흔한 음료는 맥주였으나 부유한 시민들은 와인을 선호했다. 독일 와인은 리슬링Riesling 포도가 주축이 되는 화이트 와인이 유명하다. 리슬링 중에서도 가장 최상급은 프랑크푸르트 남서쪽, 프랑스와 독일 사이로 흐르는 모젤Mosel 강 지역에서 생산된다.

프랑크푸르트 지역에서도 와인을 생산했다. 품질은 모젤에 견줄 수 없었으나 수요가 있으면 공급이 따라가기 마련. '나도 와인 마시며 살고 싶다'는 사람들이 날로 늘어났고, 도시 인근 포도밭들의 비즈니스는 그런 대로 괜찮았다. 1400년대에는 도시 주변 사방에 포도밭이 우수죽순처럼 들어선다. 포도밭 광풍이 어찌나 세게 불었는지, 1501년에는 포도주 공급 과잉을 우려해 도시 정부에서 새로운 포도밭 개발을 금지하는 법령까지 반포한다.

그러나 1500년대가 끝나갈 무렵부터 기후에 변화가 온다. 포도 농사를 망치는 일이 비일비재했다. 1597년에서 1625년 사이, 포도

프랑크푸르트의 사과주

수확이 처참한 수준인 해는 열두 번 이상이었다. 상류층이야 외지나 외국에서 와인을 수입해서 마시면 된다. 그러나 중산층들은 이제 와인 생활을 포기해야 할 상황. 포도밭 주인들과 와인 장수들은 새로운 돌파구를 사과주에서 찾았다.

사과주는 프랑크푸르트의 가난한 서민들이 마시던 술이었다. 있는 사람들이 즐기는 와인을 흠모하며 자기들도 향기로운 과실주를 먹어보려는 모방 심리가 사과주 문화를 제법 견고하게 민중들 사이에 심어놓았다. 와인 장수들은 서민뿐 아니라 중산층도 즐길 수 있는 고급 사과주를 개발하기 시작했다. 사과주는 독일어로 '압펠바인

Apfelwein(사과와인)'이다. 와인을 대체한다는 의미가 이 말 속에 배어 있다.

사과주는 이내 포도주가 떠난 자리를 성공적으로 메웠다. 온갖 종류의 사과주가 시장에 돌아다니자, 시 당국은 1638년에 사과주의 위생과 청결을 의무화하는 법령을 제정했다. 이 법은 오늘날까지도 그대로 유효하다. 1750년에는 사과주에 이물질을 섞어 팔면 사형에 처한다는 무시무시한 법을 반포했다. 그리고 1754년부터는 사과주에 세금을 물리기 시작했다. 사과주와 프랑크푸르트의 관계는 이제 모든 차원에서 떼려야 떼어낼 수 없이 견고해졌다.

프랑크푸르트 사람들의 사과주 사랑은 이렇듯 유구한 역사를 자랑한다. '압펠바인로칼Apfelweinlokal', 사과주 주점은 아리따운 작센하우센Sachsenhausen 동네의 와인 주점들이 명물로 꼽힌다. 작센하우젠 주점의 정감 넘치는 분위기에 젖어 사과주로 목을 축이다 보면 마인강이 낳은 도시 프랑크푸르트가 오래된 벗처럼 느껴질 것이다.

06 19세기 | 프라하 블타바 강

흐르는 강물의 음향은 매 순간 사라지고 다시 태어난다

프라하 블타바 강

시작과 끝을 구분할 수 없는 물살이 오고간다.
프라하의 수치와 영광, 추함과 아름다움을 모두 목도한 강,
그러나 블타바 강은 침묵하며 고요히 도시를 흐를 뿐이다.

플루트 소리가 침묵을 깬다. 16분음표로 끊임없이 이어지는 음이 낮은 음계에서 재잘거리다 조금씩 목소리를 높인다. 그러다 다시 원래 음역으로 돌아가기를 반복하는 동안 현악 파트는 피치카토로 현을 뚝뚝 뜯으며 장단을 맞춘다. 플루트 하나가 더 합류한다. 이제 플루트는 이중주로 같은 주제를 이끈다. 음의 흐름에 뛰어드는 클라리넷, 비올라, 첼로, 바이올린. 작은 목소리로 조심스럽게 시작한 음악은 이제 제법 당당히 흘러간다. 모든 준비를 마치자 감동적인 가락을 현악기들이 담아낸다. 마치 찬송가나 국가 같다. 굵직한 관악기 음색이 더해진다. 사이사이 작게 들리는 트라이앵글 소리가 색채감을 높인다.

관현악의 조화는 한 강물의 모습을 묘사한다. 블타바Vltava 강, 독일어로는 몰다우Moldau. 프라하의 심장을 통과하는, 체코에서 가장 긴 강이다. 이 음악의 작곡가는 베드르지흐 스메타나Bedřich Smetana(1824~1884), 제목은 〈블타바〉(또는 '몰다우'). 프라하Praha에서 1875년에 초연된 교향시로, 〈나의 조국Má vlast〉 시리즈 여섯 편 중 가장 유명하다.

음악은 시간의 예술이다. 매 순간 사라지는 소리들이 태어나고 죽고 다시 태어난다. 흐르는 물은 공간의 음악이다. 시작과 끝을 구분할 수 없는 물살이 오면서 가고 가면서 온다. 스메타나는 굴곡 많은 민족의 생명력을 블타바 강으로, 물결 같은 음악으로 형상화했다.

그러나 천년의 역사가 배어 있는 프라하는 체코인만의 도시는 아니었다. 오늘날 관광객들 눈에 제일 먼저 들어오는 것은 언덕 위 프라하 성이지만, 도시 프라하의 본체는 '구도시', 스타레 메스토Staré Město다. 12세기부터 이곳에서 살고 활약한 독일인 상인들은 '구도시'를 풍요로운 중세도시로 발전시킨 주역들이다. 14세기에 프라하 성, 성비투스St Vitus 성당, 카를 교를 비롯해 프라하에 여러 관광명소를 만들어주고, 이 도시에 대학을 세워준 카를Karl 4세(1316~1378)도 외가 쪽만 체코 계열이다. 카를 4세는 독일어권 유럽인 신성로마 제국 지역의 황제로 프랑크푸르트에서 선출됐다. 프라하 사람들이 존경하는 카를 4세가 프라하에 깊은 애착심을 갖고 있었던 것은 의심의 여지가 없으나, 그를 체코 '민족'의 영웅이라고 할 수는 없다.

스메타나가 〈블타바〉를 비롯한 민족주의 음악을 지어서 발표하던 19세기 후반부에도 프라하 '구도시' 인구 중 체코어를 전혀 하지 않고 독일어만 구사하는 사람이 22퍼센트나 됐다. 프라하가 중심 도시인 보헤미아 지방은 늘 신성로마 제국의 일부였고, 신성로마 제국 황제를 합스부르크Habsburg 가문이 독식하기 시작한 15세기부터 황제들은 프라하를 빈Wien 다음으로, 아니 어떤 때는 빈보다 더 사랑했다. 프라하는 합스부르크 제국의 진주 같은 도시였다. 이 오랜 세월 동안 프라하에는 체코인들 외에도 예전부터 와서 살던 유태인은 물론이요, 오스트리아, 독일, 이탈리아, 프랑스, 스페인 사람들이 각 시대마다 다양한 역할을 하며, 이 아름다운 도시를 가꾸고 유지하는데 기여했다.

스메타나는 '운동권' 출신 음악가. 1848년, 체코인을 지배하는 '외세'인 합스부르크에 저항하려 프라하 시민들 일부가 카를 교에 바리케이드를 치자, 25세 청년 스메타나는 그들의 대열에 합류한다. 봉기를 쉽게 진압한 합스부르크 통치자들은 피아니스트 스메타나에게 별다른 벌을 주지 않았다. 오히려 2년 후에는 그를 프라하 성 궁정 피아니스트로 발탁한다. 이후 피아니스트 겸 작곡가로 활동을 시작한 스메타나는 독일과 스웨덴을 거쳐 프라하로 돌아와 체코 '민족음악' 오페라 작곡을 시도한다.

프라하 시민들은 '운동권 출신' 민족주의 음악가를 뜨겁게 환영했을까? 그의 작품에 대한 평가는 그다지 호의적이지 않았다. 경쟁자들은 스메타나가 만든 오페라가 '체코적'이기는커녕 너무 '독일풍'이라며 그를 비방했다. 체코적 '민족음악'을 추구한 작곡가에게 그의 음악이 체코적이지 못하다는 평가는 매우 듣기 싫은 소리였다.

스메타나는 사실 독일어가 공용어로 쓰이던 시절에 나고 자랐다. 체코어 자체에도 능숙하진 못했다. 그를 비난하는 다른 체코인들의 사정도 마찬가지였다. 새롭게 '체코 민족문화'를 만들고 있는 와중에 무엇이 진정으로 '민족적' 음악인지를 평가할 잣대란 딱히 존재하지 않았다. 특히 독일문화가 속속들이 스며 있는 프라하에서 체코적인 정신을 명확히 규정하는 것은 쉽지 않았다. 스메타나를 힐난한 동료 체코 음악인들이 프라하의 복잡한 역사와 다문화적 성격을 몰랐을

베드르지흐 스메타나 박물관

리 없다. 스메타나도 프라하를 자기 음악 속에 포용하기를 꺼렸다.

플루트의 아르페지오가 형상화한 작품 1부는 '블타바의 원천'이라는 부제를 달고 있다. 강물의 흐름을 형상화한 1부에 이어지는 2부는 '숲에서 사냥', 3부는 '시골 결혼식', 4부는 '달빛, 요정들의 춤', 5부는 '스바토얀스케 급류', 그리고 마무리로 다시 1부의 주제로 돌아간다. 이 음악적 여정은 프라하를 건너뛴다.

블타바 강과 프라하. 천년 세월 동안 도시의 숱한 슬픔과 기쁨, 비극과 희극, 수치와 영광, 추함과 아름다움을 목도한 강. 민족주의 작곡가 스메타나는 블타바 강과 프라하의 복잡한 관계에 대해 침묵한다. 그의 〈블타바〉는 오로지 목가적인 전설만을 불러낼 뿐이다.

프라하가 체코인들만의 도시가 된 20세기 중반에 프라하는 블타바 강 '구도시' 쪽 강가에 '베드르지흐 스메타나 박물관'을 개관했다. 그가 젊은 시절 '외세'에 저항했던 카를 교 바로 옆에 있다. 프라하 상수도 회사 건물을 박물관으로 개조했기에 블타바 강 옆에 건물이 바싹 다가서 있다. 스메타나의 〈블타바〉는 블타바를 회피했으나 20세기의 블타바 강은 그를 숭상했다.

07 13세기·20세기 | 피렌체 산타크로체 성당

대홍수에 조롱당한 치마부에의 십자가상

피렌체 산타크로체 성당

피렌체를 흐르는 아르노 강이 포악한 성질을 드러내면 돌로 지은 다리도, 대리석 조각품도 무사하지 못했다. 심지어 소중히 모셔온 치마부에의 〈십자가상〉조차도.

피렌체를 흐르는 아르노Arno 강은 이 아름다운 도시의 심술궂은 터줏대감이다. 파리의 센Seine, 런던의 템스Thames, 프라하의 블타바Vltava, 로마의 테베레Tevere, 프랑크푸르트의 마인Main, 드레스덴의 엘베Elbe. 모두 잔잔히 흘러가며 방문객과 시민들에게 눈인사를 하는 다정한 강들이다. 반면에 피렌체의 아르노는 일단 물살이 거칠다. 물색도 토사를 머금어 누런빛을 띨 때가 많다. 예술의 도시 피렌체는 점잖고, 세련되고, 우아한 도시다. 그러나 피렌체의 아르노 강은 피렌체가 피사Pisa, 시에나 등 토스카나의 다른 도시국가들을 무참히 찍어 눌렀던(돌 3장 참조) 포악한 성질을 드러낸다.

아르노는 피렌체와도 사이가 늘 좋지만은 않았다. 아르노 강은 이탈리아 반도를 동서로 갈라놓는 아펜니노Appennino 산맥의 카센티노Casentino에서 발원하여 긴 반원을 그리며 산악 지대를 돈 후 피렌체에 가까이 오면 직류로 방향을 틀어 피사 쪽으로 진격한다. 물살이 빠르고 물 색깔이 험상궂긴 해도, 피렌체에서 아르노 강이 범람하는 일이 잦지는 않다. 그러나 한번 홍수가 나면 빠른 물살 때문에 그 피해는 엄청나다.

피렌체가 아르노 강을 발아래 눌러놓으려 만든 다리들. 이 다리들은 아르노의 성질을 건드리는 눈엣가시였다. 알라 카라이아 다리

아르노 강과 베키오 다리

Ponte alla Carraia, 1218년에 나무로 지은 이 다리는 1274년 홍수에 쓸려간다. 다리를 다시 지었으나 1333년 홍수와 1557년 홍수 때 다리는 심하게 망가진다. 인파가 바글거리는 베키오 다리Ponte Vecchio 옆, 고즈넉이 서 있는 산타트리니타 다리Ponte Santa Trinita도 1252년에 나무로 처음 지었으나, 7년 후에 홍수로 불어난 아르노 강이 자취를 없애버린다. 다시 돌로 지은 다리도 1333년 홍수에 파괴된다. 또 다시 지은 다리마저 1557년 홍수로 망가진다. 오늘날 서 있는 다리는 네 번째 다리로, 1608년에 다리 양편 입구에 세워놓은 대리석 조각, 각기 사계절을 상징하는 작품들이 이 다리의 자랑거리다.

피렌체의 대표 다리인 베키오도 아르노의 물살에 몇 번 굴복했다. 첫 다리는 996년에 지은 목조 다리였는데 1117년 홍수에 파괴되자 다시 돌로 지었다. 그러나 이 역시 1333년 홍수에 대부분 없어졌다. 오늘날 서 있는 베키오는 1345년에 다시 지은 다리다.

이렇듯 아르노의 대홍수는 이제껏 주로 다리들을 공략했다. 그러나 1966년 11월 4일 대홍수의 공격 대상은 피렌체 도시 그 자체였다. 마침 공휴일이라 방심하고 있던 살아 있는 시민들과 죽은 조상들의 기록물과 걸작들을 아르노는 노렸다.

11월 3일, 계속된 폭우를 견디지 못해 아르노 강의 댐들은 방류를 시작했다. 엄청난 양의 물이 하류로 쏟아졌다. 11월 4일 새벽 4시, 상류 댐이 붕괴될 위험에 처하자 수문을 개방했고 물의 양은 폭증했다. 더 무서운 것은 엄청난 유속으로 피렌체에 접근할 시점에 물의 속도는 시속 60킬로미터에 육박했다.

피렌체에 당도한 물은 본격적인 파괴에 돌입했다. 외곽지역의 군대 막사를 삼키고, 병원의 전기를 끊었다. 또한 피렌체로 가는 도로를 토사로 막았다. 도시 안의 좁은 길과 골목은 순식간 물바다로 변했다. 도시의 중심 두오모 광장도 오전 10시경 물에 잠겼다. 강력한 물살은 보일러 기름 탱크를 가격했다. 그리고 기름 섞인 물과 진흙은 박물관과 교회로 쳐들어가 사방을 수색했다. 소중한 원고와 작품들을 샅샅이 찾아내 파괴했다.

산타크로체 성당의 피해는 특히 컸다. 성당의 이름을 딴 산타크로체 동네는 정오경에 물이 6.7미터까지 차올랐다. 오후 내내, 그리고 저녁까지 피렌체를 유린한 물은 밤 10시가 되어서야 조금씩 물러가기 시작했다.

물이 빠진 후 상황은 처참했다. 사망자 35명, 이재민 5,000가구, 침수된 가게 점포 6,000개. 피렌체는 산 사람만의 도시가 아니라 죽은 이들의 값진 유산을 지키는 거대한 박물관이다. 홍수는 약 300만에서 400만 점의 도서와 원고, 1만 4,000점의 예술작품도 망가뜨렸다.

홍수가 건드린 가장 소중한 작품은 산타크로체 성당 전시관에 걸려 있던 치마부에Cimabue의 〈십자가상〉. 십자가 모양 나무에 템페라로 못 박힌 그리스도의 모습을 그린 이 조형물은 고통으로 휘어진 예수의 신체를 사실적으로 표현한 명작으로, 1265년경부터 산타크로체 성당에 걸려 있었다. 산타 크로체에서 아르노 홍수는 최고 수위에 도달했다. 홍수가 몰고 온 물과 진흙, 기름과 쓰레기는 십자가에 달린 예수의 얼굴에 침을 뱉고 조롱했다. 2,000년 전 예루살렘의 로마 병사들이 그랬던 것처럼. 홍수는 그리스도의 얼굴 반쪽과 신체

산타 크로체 성당의 치마부에 십자가상 (홍수 후-홍수 전)

의 중간 부분 반 이상을 잘라냈다.

과학자와 미술사 학자들이 힘을 합쳐 10년의 노력 끝에 치마부에의 〈십자가상〉은 일부 복원되어 다시 산타크로체에서 방문객들을 맞이하고 있다. 13세기의 경건한 종교예술을 살려낸 20세기 첨단 과학의 놀라운 성과다. 물론 홍수를 겪은 〈십자가상〉은 옛 영화와는 거리가 멀다. 상처투성이 십자가상. 그럼에도 '산타크로체Santa Croce', '성십자가' 성당의 이 소중한 십자가상은 지금 모습으로도 감동을 준다. 13세기 명작의 망가진 모습은 전쟁과 파괴, 소외와 단절로 얼룩진 20세기의 수난을 증언한다. 또한 위로한다.

CODE 3

피

01 기원전 5세기 | 아테네 디오니소스 극장

피를 보지 않더라도 삶은 충분히 비극적이다

아테네 비극 경연이 열린 디오니소스 극장

해마다 디오니소스 극장에서는 비극 경연이 펼쳐졌다.
아테네 시민들은 주인공의 가련한 처지에 공감하며
이 축제를 통해 인간의 인간됨을 온 공동체가 절감했다.

부친인지 모른 채 부친을 쳐서 죽이고, 모친인 줄 모르고 모친과 결혼한 오이디푸스Oedipus 왕. 이제 모든 진실이 밝혀진다. 둘째 남편이 아들인 것을 깨달은 부인이자 어머니는 목을 매어 자살한다. 아들이자 남편인 왕은 자신의 야속한 운명을 탓하며 두 눈을 찌른다. 두 눈에서 주르르 피가 흐른다. 왕은 이제 남은 평생 앞을 보지 못한다. 왕좌를 버리고 딸의 팔에 기대어 방랑길을 떠난다. 그의 두 아들은 왕좌를 놓고 서로 싸우다 둘 다 죽는다. 오빠의 시신을 묻지 못하게 금지한 법을 어긴 죄로 딸은 감옥에 갇히고 그곳에서 스스로 목숨을 끊는다.

이것은 기원전 429년에 초연된 소포클레스Sophocles의 『오이디푸스 왕』 및 그 속편의 플롯이다. 『오이디푸스 왕』을 비롯한 비극들이 공연된 곳은 디오니소스Dionysos 극장. 아테네 파르테논 언덕 아래 경사에 지어놓은 반원형 공연장의 모습은 오늘날에도 그 자리에 망가진 형태로나마 남아 있다. 원래 술의 신 디오니소스는 파르테논에 낄 정도의 아테네 주요 신은 아니었다. 디오니소스를 위해서는 파르테논 아래 이곳에 별도의 사당을 지었다. 이곳에서 매년 '도시 디오니소스 축제' 비극 경연이 열렸고, 소포클레스는 이 경연에서 무려 열여덟 번이나 우승한 당대 최고의 인기 극작가였다.

베니녜 가녜로, <신에게 자식들을 부탁하는 눈먼 오이디푸스>, 1784년

소포클레스나 그의 경쟁자들이 무대에 올린 비극의 플롯은 주인공 및 기타 주요 인물이 자연사가 아닌 자해나 타살로 죽는 것으로 끝난다. 그렇지만 피 흘리며 쓰러지는 장면을 무대에서 그대로 재현하는 경우는 드물었다. 무대 밖에서 그런 처참한 일이 벌어진 것을 배우들이 말로 관객에게 전하는 방식을 극작가들은 선호했다. 그렇게 하는 편이 관객들의 호응을 이끌어 내는 데 유리했던 까닭이다.

뛰어난 재능에 갈채를 보내는 이 연극 축제는 아테네 시민 공동체의 결속을 다지는 행사였다. 관객 반응은 아테네의 연극 경연에서 사실상의 판단 기준이었다. 심사위원이 있기는 했으나 이들은 아테네 시민 중 제비뽑기로 선출된 비전문가였다. 동료 시민들이 박수로 환영한 작품에 박한 점수를 주거나, 대체로 냉담한 반응을 보인 작품에 후한 점수를 줄 만큼 소신이 뚜렷한, 또는 취향이 괴팍한 심사위원은 거의 없었다.

디오니소스 축제의 하이라이트는 비극 경연. 참가하는 극작가들은 먼저 아테네의 최고 재판관 '아르콘archon'(집정관, 일종의 명예직)의 초대를 받아야 했다. 이들은 한 극작가당 세 편씩, 총 아홉 편을 정해진 규칙에 따라 아테네 시민들에게 선보여야 했다. 배우는 모두 남성으로, 여성 인물도 그들이 연기했다.

작품마다 주연 배우들 외에 '코로스choros'가 등장했다. 코로스는 연극 플롯에도 참가하지만, 함께 노래하며 무대를 좌우로 지나갈 때마다 장과 장, 막과 막을 나누는 '커튼' 역할도 했다. 극작가와 배우는 프로페셔널이지만, 코로스는 모두 아마추어. 한 코로스당 인원은 15명으로, 모두 아테네 시민이었다. 여성들은 이 모든 공적인 활동에서 철저히 배제됐다(물 1장 참조).

코로스 멤버가 되면 수당을 받고 연습에 들어갔다. 모든 비용과 책임은 코로스 책임자 '코레고스choregos'의 몫이었다. 코레고스는 돈과 시간에 여유가 있는 시민들이 맡았다. 코레고스가 되는 것은 부유층이 도시 공동체에 기여하는 '레이투르기아leiturgia'(봉사세) 중 한 항목이기도 했다. 해당 작품의 작가가 1등을 수상하면, 작가뿐 아니라 그를 도운 코로스 및 코레고스의 영광이었다.

경연이 시작되기 전에 미리 심사위원 선정 과정이 진행됐다. 도시의 제반사를 실무적으로 관리하는 '500인 운영회의'가 아테네의 각 동네별로 후보자 명단을 뽑았다. 후보자 이름은 항아리 열 개에 넣고 봉해서 아크로폴리스에서 보관했다. 이 항아리들을 연극 축제 개막일에 디오니소스 극장으로 가져와서 개봉했다.

아르콘은 각 항아리에서 이름을 한 개씩 뽑아 열 명의 이름을 호명하면 이들은 앞으로 나와 소신과 양심에 따라 판정하겠다고 엄숙히 선서한다. 심사위원들은 아르콘과 함께 객석의 맨 앞줄에 앉아 연극을 관람한다. 모든 작품이 다 공연된 후 열 명의 심사위원은 1등에서 3등까지 순서를 매겨 아르콘에게 제출한다. 아르콘은 이 중에서 다섯 명의 판정표를 추첨한다. 아르콘은 모든 참가자와 관객들이 숨죽여 지켜보는 가운데 최종 순위를 발표한다. 해당 극작가는 수천 명의 동료 시민들의 박수를 받으며 앞으로 나온다. 아르콘은 그의 머리에 월계관을 씌워준다.

고대 아테네의 직접 민주주의가 이렇듯 평화롭고 아름다운 문화 예술 경연을 지원하고 가꿔나갔음은 이 도시국가의 가장 놀라운 성취라 할 만하다. 뛰어난 예술가에게 갈채를 보내기 위해 온 도시가 동원됐다. 도시 정부는 축제의 조직과 심사위원 선출을 책임지고, 부유한 시민들은 코로스 모집 및 훈련을 책임지며, 일반 시민들은 심사위원으로, 코로스 멤버로, 관객으로 이 '도시 디오니소스 축제'에 참가했다.

비극의 내용은 깊고도 심오했다. 시민들은 운명의 신에게 농락당한 인간의 가련한 처지에 공감했다. 비극 주인공의 죽음을 보며 공포를 느꼈다. 인간의 인간됨을 온 공동체가 함께 절감하는 도시 축제였다.

아테네를 무력으로 누르고 지중해 지역 문명세계의 지배자로 등극한 로마. 제국의 수도 및 기타 로마의 주요 도시들에도 아테네 극장을 모방한 건물들이 들어섰다. 그러나 공연 내용은 너무나 달랐다. 로마인들은 무대에서 배우가 실제 피를 흘려야 열광했다. 어차피 죽을 죄수를 끌고 와 무대에서 죽이는 경우도 비일비재했다.

아테네는 연극무대에서도 그렇지만 무대 밖에서도 직접 사람의 피를 보는 것을 극히 꺼렸다. 반국가 사범으로 몰려 죽임을 당한 소크라테스에게 내린 판결도 자기 집에서 조용히 사약을 먹는 것이었다. 살인자를 처벌할 때도 광장에서 목을 쳐 죽이지 않았다. 웅덩이에 던져 버리거나 나무판에 묶어놓고 서서히 죽게 했다. 살인에 쓰인 무기, 사람의 피를 흘린 도구도 용납하지 않았다. 피 묻은 칼은 아테네 밖으로 추방했다. 아테네는 비극을 사랑했으되 피를 꺼린 도시였다.

02 1세기 | 로마 인술라와 콜로세움

가난한 자들을 물 대신 피로 회유하라

로마의 원형경기장 콜로세움

로마의 상하수도 시설은 부자들을 위한 것이었고,
가난한 이들은 풍족하게 물을 사용할 수 없었다.
다만 물 대신 피는 실컷 즐길 수 있었다.

고대 로마는 일곱 언덕에 신전들, 황제의 궁전, 귀족들 저택이 즐비한 화려한 도시였다(돌 1장 참조). 이러한 건물들은 벽에 파이프를 묻어 온수를 흘려보내는 보일러 시설을 갖추었기에 겨울에도 집 안을 따듯하게 유지할 수 있었다. 물은 어떻게 공급했을까? 로마 인근의 청정지역인 산악지대의 계곡물을 긴 수로를 통해 저택들에 배달했다(물 4장 참조). 고대 그리스 지리학자 스트라본Strabon은 로마의 물 공급을 극찬했다.

> 물이 수로를 통해 도시로 들어오는데, 어찌나 풍족하게 공급되는지 거의 강물이 도시와 하수도를 관통한다고 할 정도다. 게다가 집집마다 저수탱크와 물파이프, 분수를 설치해놓았으니, 그저 놀라울 따름이다.

이토록 시설이 잘 갖춰진 편리한 집이라도 누군가는 가사 노동을 해야 했다. 그 몫은 노예들에게 돌아갔다. 주인마님이 할 일은 최신 유행에 맞춰 액세서리를 구비하거나 머리 모양을 다듬는 것뿐이었다. 음식 재료와 포도주는 지중해 전역에 펼쳐진 광활한 로마 제국에서 실어와 오스티아Ostia 항구에 내려놓으면, 크고 작은 배들이 테베레 강을 타고 로마까지 배달했다. 바다, 강, 계곡이 합심해 로마사람들의 편리하고 윤택한 일상에 기여했다.

모든 로마인이 그렇게 살았을까? 천만에! 로마에는 노예 아닌 자유인이기는 하나 부잣집 노예보다 못한 처지의 가난한 시민들이 길거리에 넘쳐났다. 이들이 살던 로마의 서민 동네 수부라Subura의 주거 형태는 아파트, 아니 한국어의 어감상, '연립 주택' 내지는 '빌라'와 유사했다(로마에서 '빌라'는 명문 귀족들이 도시 외곽에 지은 저택들의 이름이나 대한민국에서는 '빌라'가 서민 주거 형태를 지칭하는 말로 쓰인다). 당시 로마의 '서민용 빌라'는 제국의 수도 로마에 몰려드는 인구를 수용하기 위해 로마의 건축가들이 창안한 독창적인 건축 양식이었다.

1세기 로마는 인구 100만 명의 대도시였다. 부자들의 저택과 공공시설이 차지한 면적을 빼고 나면, 막상 가난한 시민들이 살 땅은 얼마 되지 않았다. 땅은 제한되고 살 사람은 많았다. 모든 땅을 모든 사람이 골고루 나눠서 쓸 수 없다면 좁은 땅에 최대한 많은 사람이 살면 된다. 집을 고층으로 올려서.

'값싼 건축자재인 벽돌로만 지으면 복층을 올릴 수 없으나, 석재로 교각을 만들어 돌무더기로 벽을 보강하면, 한 층 위에 또 다른 층을 올릴 수 있다. 층과 층 사이는 계단으로 연결한다. 로마인들의 발명품인 콘크리트를 벽돌과 돌에 섞어 구조물을 보강한다. 참으로 놀라운 해결책 아닌가!' 건축학의 원조 비트루비우스(돌 1장 참조)는 로마의 고층 연립주택들을 이렇게 칭찬했다.

이러한 중층 다세대 주택의 이름은 '인술라insula'. 기원전 218년에

로마 캄피돌리오 언덕 근처에 있는 인술라 유적

처음 등장했던 인술라는 로마 제국 전성기인 2세기쯤 되면, 로마 서민 주택의 보편 형태로 정착한다. 다세대 주택 인술라는 최대 9층까지도 올라갔다. 아우구스투스 황제가 건물의 안전을 걱정해서 20미터 이하로만 짓도록 법을 제정했을 정도로 고층 인술라 건축은 로마에서 크게 유행했다.

인술라의 건물주들은 임대사업자였다. 각 층에 지어놓은 방들을 가난한 시민에게 세주었다. 건물 여러 채를 소유한 이들도 있었으나 본인들이 직접 거주하려고 이런 건물을 짓지는 않았다. 1층은 대개 가게 점포로 사용했다. 이 점포용 공간의 이름은 '타베르나taberna'.

정확히 말하자면 2층부터가 거주용 인술라였다.

월세는 위층으로 올라갈수록 저렴했다. 고층의 확 트인 전망보다는 계단을 오르내리는 고생이 더 문제였다. 인술라에는 상수도 시설이 전혀 없었다. 트라야누스 황제 통치 기간(2세기 초)에 이르면, 로마로 들어오는 수로는 무려 여덟 개였으나 이 수로들을 타고 오는 맑은 물이 인술라에 연결되는 경우는 드물었다.

마실 물은 건물 밖 가장 가까운 분수까지 걸어가서 길어 왔다. 쓰고 난 물과 몸에서 나오는 오물은 들고 내려가서 건물 근처 어디에 적당히 알아서 처리했다. 건물 1층이나 2층까지는 하수도로 연결되는 경우가 간혹 있었으나, 3층부터는 그런 시설을 기대할 수 없었다. 맨 꼭대기층 인술라 세입자는 하루에도 몇 번씩 물을 들고 오르락내리락해야 했다. 다리가 튼튼하지 않고서는 버티기 어려운 삶이었다.

로마의 서민들은 첨단 수로 시설이 제공하는 물을 풍족히 즐길 수 없었으나, 물 대신 피는 실컷 즐길 수 있었다. 콜로세움에서. 1세기에 세워진 이 웅장한 원형 경기장은 오늘날 남은 잔해만으로도 그 위세를 짐작케 한다. 콜로세움의 원래 모습은 2000년에 개봉한 할리우드 영화 〈글래디에이터〉에서 생생하게 재현해놓은 데다가 직접 가서 보지 않았더라도 누구나 떠올릴 수 있는 익히 알려진 유적이다. 그래도 몇 가지 사실은 상기할 만하다.

경기장의 평균 관객은 5만 명 이상, 입구는 총 76개. 좌석마다 번호가 매겨져 있었고, 신분에 따라 좌석이 구별됐다. 인술라에 사는 서민들은 위쪽 좌석, 아래쪽은 황제와 귀족 전용석. 좌석 표를 받아야 했지만 입장료는 무료였고, 구경하다 배가 출출할까 봐 주최 측은 음식도 공짜로 제공했다. 황제를 비롯해 거물급 인사들이 대중의 호의를 사려고 모든 비용을 전담했다.

쇼는 아침 일찍 시작해서 하루 종일 이어졌다. 가장 인기 있는 종목은 사람과 사람이 목숨 걸고 싸우는 검투사 경기. 그 외에도 짐승과 사람의 대결, 여자 검투사끼리의 대결, 칼을 안 쓰는 권투 경기 등이 골고루 섞여 있었으나 모든 경기의 핵심은 피였다. 칼에 찔려 죽는 짐승의 피, 또는 짐승에게 갈기갈기 찢겨 죽는 사람의 피, 그리고

콜로세움 내부

장 레옹 제롬, <엄지를 아래로>, 1872년

검투사와 검투사의 피로 범벅이 된 결투.

로마의 대중들을 달래기 위한 피의 대가는 상당했다. 하루에 무려 5,000마리의 짐승을 죽였다는 기록도 있다. 이러한 대규모 쇼에서는 사람도 수십 명씩 죽어나갔다. 네로 황제 때는 콜로세움에서 기독교들을 잡아와서 온갖 창의적인 방식으로 죽이는 것도 고정 프로그램 중 하나였다. 그날 죽을 동물이나 인간들이 다 죽고 나면 다시 가난한 로마 시민들은 물 안 나오는 인술라로 돌아갔다. 콜로세움에서 피를 흘리며 쓰러진 인간과 동물들은 로마 외곽에 웅덩이를 파고 뒤죽박죽 내다 버렸다.

시체 쓰레기장은 '카르나리움carnarium'이라고 불렸다. 수시로 시체들을 버려야 했기에 웅덩이를 흙으로 덮지도 않았다. 1890년대에 고대 로마 유적을 발굴한 이탈리아 고고학자 로돌포 란치아니Rodolfo Lanciani(1845~1929)는 이런 '카르나리움'을 무려 75개나 발견했다. 발굴 당시 2,000년의 세월 동안 이 웅덩이들에서 썩고 있던 유기물들은 여전히 지독한 악취를 풍겼다고 한다.

03 18~19세기 | 파리 콩코르드 광장

조부가 만든 공원에서 왕의 목이 잘리다

파리 콩코르드 광장

단두대에 목을 내준 사람은 2천 명이 넘었고
그중에는 왕도, 왕을 끌어내린 혁명가도 있었다.
참으로 완벽한 평등의 실현이 아닌가.

광장에 빼곡히 들어선 군중들. 곧 죽을 인간에게 야유와 욕설을 퍼부으며 다들 신이 났다. 사람 목이 잘리는 짜릿한 순간을 볼 기대에 잔뜩 흥분한 눈빛들. 단두대의 칼 장난이 어찌나 인기 있는지, 그날 목이 잘릴 죄수들의 명단을 인쇄해서 들고 다니며 파는 행상들도 여기저기 눈에 띈다. 이날은 평소보다 더 관객이 넘친다. 오늘 죽을 인간은 아주 특별한 자이기에.

단두대에 목을 집어넣자, 위에서 예리한 칼이 쏜살같이 내려온다. 싹둑 잘린 머리는 몸에서 툭 떨어져 바닥에 나뒹군다. 1793년 1월 21일, 이날의 사형수는 프랑스 왕 루이Louis 16세. 그는 마지막까지 군주다운 위엄을 지켰다. 아내 마리 앙투아네트Marie Antoinette도 그해 10월, 같은 장소에서 똑같은 운명을 맞이했다.

'루이 16세는 인민을 억압한 폭군이었다. 그의 목을 침으로써 역사를 바로 세웠다. 역사의 진보를 위해 피를 좀 흘리는 것은 불가피하다. 폭군의 피는 반드시 흘려야만 역사의 진도가 나간다. 그래야 자유, 평등, 박애를 실현할 수 있다.' 예나 지금이나 프랑스 혁명을 미화하는 자들은 이렇게 주장한다. 사실은 꼭 그렇지도 않다. 일단 프랑스 혁명을 단두대에서 목 자르기 경쟁으로 몰고 간 자코뱅Jacobins 진영은 가난하고 배고프고 구박받던 민중 출신이 아니었다.

공포정치의 대명사 로베스피에르Robespierre는 법률가 집안에서 태어난 중산층으로, 법조인이지만 법조계에서 그다지 성공하지 못한 시골 변호사였다. 당통Danton은 법을 좀 공부한 하급 공무원, 생쥐스트Saint-Just는 법대를 중퇴한 무직자였다. 그럼에도 스스로 생각하기에 본인들은 역사상 가장 위대한 인물이었다. '나를 감히 몰라보다니! 그런 세상은 파괴되어야 마땅하다. 그런 세상에서 떵떵거리는 반동분자의 목은 가급적 빨리, 최대한 많이 잘라내는 게 좋다.' 이것이 그들의 신조였다. '자유, 평등, 박애'는 선전선동용 멋진 구호였지만 그들의 믿음을 요약해주지는 않는다. 그들은 인민의 자유를 빼앗고, 인민 위에 군림한 독재자이며, 박애(원래 말대로 하면, '형제애')는커녕 인민을 둘로 갈라놓고 적개심을 부추겼다.

루이 16세도 폭군과는 거리가 멀었다. 그는 이성과 진보의 정신에 따라 인민들을 구속하던 족쇄들을 풀어주려 노력했던 계몽군주였다. 신앙과 사상의 자유도 어느 정도 보장해주려 시도했다. 그러나 이 모든 노력은 허사로 돌아갔다. 그는 미국 독립전쟁에 끼어드는 결정적 실수를 하고 만다. 거액의 군비를 지출해 오랜 숙적 영국을 미국이 이기는 데 큰 도움을 줬으나, 국가의 재정은 치명적인 타격을 입는다. 나랏돈은 거덜 나고 배고픈 인민은 거리로 나섰다. 그를 무너뜨린 것은 경제 실책이지 무자비한 독재는 아니었다.

루이 16세가 목이 잘린 날, 그는 단두대를 세워놓은 그 광장이 자신의 조부 루이 15세(재위 1715~1774)가 만든 곳임을 기억하며 더욱 더 쓰디쓴 모멸감을 느꼈을 법하다. 루이 15세는 파리 신시가지에 2만

1793년 1월 21일, 혁명 광장에서 처형당하는 루이 16세

평이 넘는 큼직한 광장 겸 공원을 조성했다. 시테 섬 주위로 오밀조밀 모여 있던 중세 파리가 근대 파리로 변신하며 서쪽으로 뻗어나가던 시대, 멋진 가로수길 불바르boulevard가 한참 조성되던 시대에 창조한 근대 파리의 상징이었다.

광장은 1772년에 완공됐다. 광장의 이름은 '루이 15세 광장'. 광장 가운데 말을 탄 루이 15세의 동상이 우뚝 서 있었다. 설계자는 앙주자크 가브리엘Ange-Jacques Gabriel(1698~1782). 그는 1755년에 서쪽의 샹젤리제Champs-Élysées 거리와 동쪽의 튈르리 정원Jardin des Tuileries 사이의 넓은 터에 양쪽을 연결해주는 8각형 모양의 예쁜 공원 겸 광장을 구상했다. 가브리엘을 비롯한 루이 15세의 건축가들은 광장에 말을 탄 루이 16세 동상을 세운 것 외에도, 분수와 조형물들로 그곳을 치장했다.

1792년, 파리와 프랑스의 권력을 거머쥔 자코뱅 당은 먼저 루이 15세의 동상부터 없애버렸다. 광장의 새 이름은 '혁명 광장'. 이 혁명 광장에서 수행하는 혁명 과업은 주로 단두대를 갖다 놓고 사람 목을 치는 것이었다. 1794년 7월에는 자를 목이 모자랐는지 단두대는 그간 수많은 사람의 피를 흘린 책임자들, 자코뱅의 수뇌들을 소환한다. 단두대의 칼날은 마침내 로베스피에르와 생쥐스트의 목을 단번에 몸에서 분리했다. 참으로 완벽한 평등의 실현이었다. 왕이나 왕을 죽인 혁명가, 이들을 맞이한 똑같은 칼날. 똑같은 죽음.

1793년에서 1794년 사이, '혁명 광장' 단두대에 목을 내준 사람은 2,000명이 넘었다. 이때 흘러내린 피는 광장의 돌을 적셔 붉게 물들였다. 피의 붉은 색이 점차 흐려진 1795년, '혁명 광장'은 '콩코르드 광장Place de la Concorde', '화합의 광장'으로 다시 이름이 바뀐다.

'콩코르드 광장'은 1814년, 나폴레옹이 몰락하고 부르봉 왕가가 복원되자 원래 이름인 '루이 15세 광장'으로 다시 이름이 바뀐다. 1826년에는 이 광장에서 처참한 최후를 맞은 루이 16세를 추모하는 의미로, '루이 16세 광장'으로 명칭을 변경했으나 오래가지 않았다. 1830년 시민혁명으로 옛 왕실이 다시 쫓겨가자, 광장 이름은 '콩코르드'로 돌아갔다. 그때 이후로 이 광장의 이름은 변하지 않았다.

오늘의 콩코르드 광장은 차도에 대부분을 빼앗긴 왜소한 모습이다. 광장의 피 묻은 역사와 전혀 상관없는 오벨리스크가 콩코르드의 상징 노릇을 하는 것도 볼썽사납다. 이집트 룩소르의 신전 입구에서

콩코르드 광장의 역사를 기록한 동판

3,000년 넘게 서 있던 오벨리스크를 이집트 정부가 친선의 상징으로 1833년 프랑스에 기증한 결과다.

오벨리스크로 가려진 광장 한쪽에 누런 동판이 바닥에 누워있다. '혁명 광장' 단두대가 서 있던 자리에 박아놓은 작은 동판이다. 동판에는 "이 광장의 이름이 원래 루이 15세 광장이었고, 이곳에서 루이 16세와 마리 앙투아네트가 공개 처형당했다"고만 적혀 있다. 왕과 왕비가 단두대에서 목이 잘렸고, 그 외의 수천 명의 목이 단두대에서 잘렸다는 언급은 없다. 피의 역사는 반쯤 지워진 채 바닥에 깔려 있다. 피의 역사를 지워버린 기념물은 찬란하게 하늘로 치솟는다.

04 18~19세기 | 런던 스미스필드 축산시장

도살장의 짐승 피야 어쩔 수 없지 않소

런던 스미스필드 축산시장

시민들은 고기를 즐겨 먹었다. 도시의 인구는 늘어만 갔다. 스미스필드는 1천년 가까이 동물들의 피로 물든 땅, 1년 내내 악취가 가시지 않는 런던의 필요악이었다.

> 땅은 오물로 진흙탕이다. 발목까지 푹푹 빠진다. 땀 냄새 나는 가축들 몸에서 끝없이 솟는 김이 짙은 안개와 뒤섞여서 묵직하게 깔린다. 커다란 장터 한가운데 가축우리들. 빈자리마다 빼곡히 세워놓은 임시 울타리들엔 양들이 빼곡히 갇혀 있다. 도랑 옆 기둥마다 묶여 있는 소 떼. 서너 줄로 길게 늘어서 있다. 농부, 백정, 소몰이꾼, 행상꾼, 사내애들, 도둑놈들, 건달패들, 온갖 저급한 축들이 무리를 이루어 우글거린다. 소몰이꾼의 호루라기 소리, 개 짖는 소리, 소들이 음매음매 하며 첨벙대는 소리, 양들이 우는 소리, 돼지들이 꿀꿀대는 소리, 행상꾼들 외치는 소리, 냅다 뱉어대는 욕지거리, 사방에서 싸우는 소리. 시장 구석구석에서 울려 나오는 소리들은 흉측한 불협화음을 만든다.

19세기 런던의 냄새와 소리를 생생한 문체에 담아 전달한 소설가 찰스 디킨스Charles Dickens(1812~1870)의 『올리버 트위스트Oliver Twist』 21장, 악당 빌 사이크스Bill Sykes가 고아 올리버 트위스트를 끌고 런던을 동에서 서로 관통하며 시내 한복판에 자리 잡은 가축 및 축산물 시장 스미스필드Smithfield를 지난다. 위의 인용은 이 가축 시장을 묘사한 대목의 일부다.

디킨스가 이렇듯 생생하게 묘사한 스미스필드는 10세기경부터 가축을 사고파는 장사를 해온 사뭇 유구한 역사를 깔고 있다. '스미스필드'는 고대 영어로 '부드러운 평지'란 뜻이다. 그 시절부터 런던의 세인트폴 대성당St Paul's Cathedral 북쪽의 평평한 공터에서 인근 시골 사람들이 돼지, 소, 양을 끌고 와 도시 축산업자에게 가축을 팔았다. 오리나 닭 등 덩치가 크지 않은 가축은 스미스필드 근처에서 사육해 바로 팔았다. 디킨스가 살던 19세기까지는 가축을 이곳이나 인근 도살장에서 잡아서 정육했다.

스미스필드는 거의 1,000년 가까이 동물들의 피로 물든 땅이었다. 가축의 피와 내장, 오물이 1년 내내 내리는 런던의 구슬비를 맞으며 썩어갔다. 당연히 악취가 가시지 않았다. 제대로 된 오수처리 시설이 구비되지 않았기에 부패한 오물은 흙으로 스며들고, 도랑을 타고 흘러 템스 강물과 뒤섞였다.

스미스필드 도살장으로 인한 오염을 걱정하는 런던의 상인들은 별로 없었다. 도살장으로 끌려가는 동물들을 동정하는 사람은 더욱 드물었다. 고기를 즐기려는 소비자들의 수요가 있는 한, 소비자에게 최적의 가격으로 축산품을 제공할 걱정만 하면 될 일. 게다가 스미스필드 도살장은 국가 전역에서 일자리를 창출하는 효자 산업이었다.

런던 사람들이 제일 좋아하는 로스트비프 식재료를 예로 들자. 근세 시대로 접어들며 우유 수요가 늘자 런던 주위의 농가들은 젖소들만 키웠다. 그 대신 고급 식용 소들은 스코틀랜드까지 포함된 영

1855년의 런던 스미스필드 축산시장

국 전역에서 런던 스미스필드로 공급됐다. 소들을 몰고 런던까지 가는 먼 길에 머물러야 할 여관과 주막은 물론, 사육농가, 소몰이꾼, 축산시장 거래인, 도살업자, 중간상인, 동네 푸줏간 주인까지 모두가 스미스필드 덕에 먹고사는 선량한 백성들이었다.

런던의 인구는 영국이 본격적인 강국으로 부상하던 18세기부터 급속히 늘기 시작했다. 1700년에 50만 명 수준이었던 런던 인구는 1801년에는 100만 명에 육박했다. 19세기에 계속 늘어난 런던 인구가 20세기로 넘어가는 문턱에는 1801년의 여섯 배가 돼 있었다. 런던 인구 중 기회만 되면 고기를 먹고 싶은 사람들의 비율도 함께 늘어났다. 스미스필드도 덩달아 면적이 늘어났다. 19세기 중반에는 7,000평이 넘는 광대한 시장터에서 아직 죽지 않은 소, 양, 돼지가 우글거렸다. 스미스필드 인근에 자리 잡은 도살장에서 수없이 많은 짐승들이 피를 흘리며 죽어갔다.

1846년 기준, 약 21만 마리의 소와 돼지, 150만 마리 이상의 양이 이곳에서 처리됐다. 그야말로 세계에서 가장 큰 가축 시장이었다. 어디 그뿐인가. 시장 근처에는 가축에서 파생된 부위로 먹고 사는 업자들이 즐비했다. 소시지 공장과 내장 가공 공장이 다닥다닥 붙어 있었다. 살코기가 비싸서 못 사먹는 이들은 이곳에서 소시지나 내장을 사갔다. 못 먹는 부위나 민망한 식재료도 모두 돈이 됐다. 양의 내장을 말려 현악기 줄을 만드는 가게, 고양이 고기 전문점도 스미스필드 도살장의 이웃이었다.

스미스필드가 더럽고 지저분하긴 해도 누이 좋고 매부 좋은, 런던의 필요악이라는 수백 년 된 논리는 마침내 1850년에 대영제국 수도 런던의 위생과 품위를 우려하는 목소리의 도전을 받는다. 그리고 중앙정부가 개입해서 스미스필드를 폐쇄하기로 결정한다. 시장 상인들과 런던 자치정부가 강력히 저항했으나, 1855년에 스미스필드 가축시장 및 도살장은 결국 문을 닫는다.

상인들과 업자들에게는 적절한 보상이 이루어졌다. 가축시장은 시내 밖 외곽지대인 코픈하겐 필즈Copenhagen Fields로 이주해 약 다섯 배 이상 넓은 터에 새로 개장했다. 스미스필드는 돌과 벽돌, 주철로 지은 근사한 건물로 1869년에 다시 태어났다. 그 모습으로 오늘날에도 축산도매시장 노릇을 잘 하고 있다.

코픈하겐 필즈에서 잡은 가축들은 철로로 스미스필드에 배달됐다. 말끔한 축산물 시장으로 변신한 스미스필드. 이곳에서 정육한 고기를 먹는 런던 시민들은 런던 시내 도살장에서 수백 년간 죄 없는 소, 돼지, 양들이 피 흘리며 쓰러진 역사를 이내 잊었다.

05 12세기·18~20세기 | 프라하 유태인 묘지

이이야말로 카프카적 아이러니 아닌가!

프라하 스타레 메스토 광장

카프카는 오늘날 프라하를 대표하는 아이콘이지만,
그는 체코어가 아닌 독일어로 생활하고 글을 썼다.
심지어 작품에 프라하를 직접 등장시키지도 않았다.

어느 날 깨어보니 내가 벌레로 변해 있더라는 『변신』 이야기의 작가 프란츠 카프카Franz Kafka(1883~1924)는 프라하의 대표 브랜드다. 카프카 박물관, 카프카 기념 조각, 카프카 무덤, 카프카 호텔, 카프카 레스토랑, 카프카 머그잔, 카프카 티셔츠. 인간 존재의 아이러니를 탐구한 유태인 작가 카프카가 오늘날 프라하의 관광 아이콘으로 활용되는 것만큼 카프카적 아이러니인 게 또 있을까?

당연한 말로 들리겠지만 오늘날 프라하 거주자 대다수는 체코인이다. 그러나 프라하의 역사에서 이 도시가 체코인만의 도시가 된 것은 비교적 최근이다(물 6장 참조). 프라하에서 태어나 자랐고 거기에서 인생의 대부분을 보낸 것이 사실이지만, 카프카의 실질적인 모국어는 독일어였다. 독일어로 생활했고 독일어로 글을 썼다. 게다가 작품에 프라하가 직접 등장하지도 않는다. 카프카는 프라하를 그다지 좋아하지 않았다. 그는 자신의 아이러니한 처지를 다음과 같은 말로 요약했다.

> 나는 어쩔 수 없이 이 언어를 쓰면서, 떠나고 싶은 이 도시에 살고 있다.

카프카의 종족인 유태인들이 프라하에서 거주한 역사는 유구하다. 유럽 안에 퍼져 있던 유태인 공동체들은 대부분 도시에 거주했다. 유태인들은 누구나 히브리어 경전을 읽을 수 있어야 했기에 문맹률이 낮았고, 평균 교육 수준이 일반 유럽인에 비해 높았다. 뛰어난 두뇌의 소유자도 적지 않았다. 이들은 주로 금융업에 종사하며 도시의 경제활동에 깊숙이 관여했다. 유태인들은 유럽의 도시들에 살면서도 자신들의 혈통, 언어, 문화, 종교를 철저히 지켰다. 이들은 단순히 '종족'으로만 유태인인 것이 아니라 '종교'와 문화로서도 유태인이기를 고집했다.

프라하 스타레 메스토(구도시)에서 유태인들이 독일인과 체코인들 곁에서 먹고 살면서도, 고집스레 유태인의 정체성을 지켜낸 역사는 12세기부터 시작된다. 스타레 메스토 광장 북쪽 유태인들은 구도시의 엘리트 계층이었던 독일인 상인들(물 6장 참조) 거주 지역 근처에 둥지를 텄다. 유태인들은 강 건너 프라하 성에 사는 군주들의 보호를 받았다.

군주들이 유태인들을 사랑했을까? 아니다. 그들의 주특기인 금융업을 사랑했다. 이들이 관리하는 돈은 군주들에게 요긴한 자금원이었다. 군주들은 직접 두둑한 현찰을 세금으로 거둬갔고, 세금을 내는 유태인들은 최고 권력자의 보호를 기대할 수 있었다. 군주들은 유태인들에게 자치권을 부여했고, 유태인들끼리의 문제는 유태인 율법에 따라 랍비들이 처리했다. 프라하의 유태인 구역은 도시 안에 자리 잡은 하나의 종족 공동체였다.

프라하의 유태인들이 늘 평화로운 삶을 누린 것은 아니다. 정치적 혼란기에 유태인들은 약탈과 학살의 대상이 되곤 했다. 프라하의 명물 카를 교를 만든 카를 황제가 죽은 지 11년 후인 1389년 부활절 때 무려 3,000명의 유태인이 죽임을 당했다. 이후 시대에도 몇 차례 유사한 사건이 반복됐다. 그러나 대부분의 세월 동안 유태인들은 스타레 메스토 한 구석에서 크게 간섭받지 않고 자신들의 언어, 문화,

프라하 유태인 묘지

종교, 관습을 지키며 살았다.

프라하 유태인 공동체에 큰 변화가 온 것은 1780년대다. 계몽주의에 심취한 오스트리아 합스부르크 황제 요제프Josef 2세(재위 1765~1790)는 합스부르크 제국 제2의 도시인 프라하의 중세 잔재들을 과감히 제거했다. 황제는 도시 경관을 망친다며 도시의 오래된 교회와 수도원의 반 이상을 헐어버렸다. 중세부터 내려온 도시의 모든 자치권도 박탈했다. 유태인의 자치권도 예외일 수 없었다. 황제는 유태인들도 다른 백성과 똑같은 법의 혜택을 누리도록 하라고 명했다. 그의 보편주의적 획일화는 거침없었다. 어디 그뿐인가. '이제부터 유태인이건 체코인이건 모두 독일어만 사용하라!' 황제의 한마디로 독일어가 공식 언어로 지정됐다. 체코인들은 일상생활은 모국어로 하더라도 학교나 관공서에서는 독일어를 사용해야만 했다. 독일어를 못하면 사람대접 받기 힘든 형편이기는 유태인들도 마찬가지였다.

카프카가 12세 때인 1895년에는 프라하 구시가지 유태인 구역의 철거와 재개발이 이루어졌다. 회당, 공동묘지, 마을회관 등 몇 개의 유적만 남겨둔 채. 재개발 당시 그곳에 살던 유태인들은 많지 않았다. 18세기 말에 유태인들이 자치권을 상실함과 동시에 다른 프라하 시민과 똑같은 법적 지위를 얻자, 유태인 구역의 해체 과정은 곧바로 시작됐다. 중산층 이상 유태인들은 이미 그곳을 떠나 프라하 시내의 다른 주거지역으로 옮겼다. 이들은 다른 시민들과 똑같이 일상생활에서 체코어를 썼고 자녀들을 독일어 학교에 보냈다. 카프카의 부모도 마찬가지였다. 카프카는 유태 전통이 와해된 시대에 '종교'보다는 '종족'으로만, '문화'보다는 '혈통'으로만 유태인이었다.

제1차 세계대전이 독일과 오스트리아의 패배로 끝나자, 프라하는 독립국가인 체코슬로바키아의 수도가 됐다. 새로운 국가의 공용어는 체코어였다. 독일어로 교육받고 독일어로 사유하던 카프카의 체코어는 유치원생 수준이었다. 보험회사 월급쟁이로 생활하던 카프카는 모든 업무가 하루아침에 독일어에서 체코어로 바뀌자 극심한 곤란을 겪는다.

언어와 언어, 인종과 인종 사이 경계선에 걸쳐있던 카프카의 인생은 1923년, 결핵이 그의 몸을 파괴하면서 이른 종말을 맞이한다. 그의 세 여동생은 카프카 보다 더 오래 살았으나 셋 다 같은 시기에 죽었다. 세 사람 모두 죽음을 맞이한 방식은 같았다. 히틀러의 가스실. 나치스 정권의 눈에 유태인이라는 종족은 설사 특정 개인들이 독일의 언어와 문화 속에서 잔뼈가 굵었다고 해도, 그저 더러운 '피'가 흐르는 유해한 해충 같은 존재일 뿐이었다.

06 19~20세기 | 부다페스트 벰 광장

콘크리트와 철근 사이사이로 붉은 피가 흘러내리다

부다페스트 머르기트 다리

부다페스트의 주요 건물과 도시를 점령한 탱크들,
날이 밝자 시민들은 운명의 시간이 찾아왔음을 깨달았다.
그리고 서슴없이 자유를 위해 피 흘리며 쓰러졌다.

널찍한 도나우Donau(다뉴브) 강변에 펼쳐진 화려한 공공건물들이 눈을 사로잡는 도시 부다페스트. 이 도시는 원래 강 양쪽에 있던 두 개의 다른 도시, '부다Buda'와 '페스트Pest'로 나뉘어 있었다. '부다'는 13세기 중반부터 헝가리 왕 벨라Béla 4세(1206~1270)가 수도를 부다페스트 북서쪽 에스테르곰Esztergom에서 이곳으로 옮긴 이후 헝가리의 정치와 행정의 중심지 역할을 해왔다. 다뉴브 강은 부다페스트를 북에서 남으로 흘러 지나가며 동서로 갈라놓는다. 서쪽의 '부다'는 고지대, 동쪽 '페스트'는 평지. 19세기에 부다페스트가 대도시로 발전하는 방향은 '부다'보다는 '페스트' 쪽이었다.

중세와 근세 시대에 헝가리는 서유럽 기독교 문명권을 이슬람교 세력인 오스만 제국으로부터 지켜주는 최전선이었다. 16세기부터 오스만 제국의 공세에 밀리기 시작한 헝가리는 자신을 노리는 서쪽 이웃, 오스트리아 합스부르크 왕실의 야심에도 맞서야 했다. 헝가리는 18세기에 이르러 끝내 합스부르크 제국에 완전 편입되고 만다.

합스부르크 왕실을 지지하는 세력도 적지 않았으나 거기에 저항하는 운동도 간헐적으로 이어졌다. 온 유럽에 시민혁명 바람이 불던 1848년, 부다와 페스트에서 동시에 전개된 대규모 시위에 고무된 반합스부르크 세력은 헝가리 의회에서 개혁 법안을 통과시켰다. 그리고 이듬해에는 오스트리아로부터의 독립을 선포했다. 이에 오스트리아 황제는 러시아 제국의 도움을 받아 헝가리의 독립 의지를 무력으로 꺾었다. 그러나 용맹스런 헝가리인들을 힘만으로는 지배할 수 없음을 잘 아는 합스부르크 왕실은 1867년에 '오스트리아-헝가리 제국'을 만들어 헝가리를 포섭, 제국의 파트너로 삼았다.

오스트리아-헝가리 제국 체제가 본격적으로 가동되던 1873년 '부다'와 '페스트'가 통합되어 부다페스트가 탄생했다. 부다페스트가 발전함과 동시에 헝가리 경제도 함께 성장했다. 비록 군사와 외교권은 빈에서 관리했으나, 부다페스트는 헝가리의 행정, 경제, 문화를 주도하는 이 나라의 심장으로서 활달한 박동을 멈추지 않았다.

그러나 오스트리아-헝가리 제국이 제1차 세계대전에서 패전국이 되자, 헝가리의 운명은 기울기 시작했다. 헝가리는 원래 영토들 여기저기를 새로 생긴 민족국가들에게 빼앗겼다. 게다가 1919년, 부다페스트에서는 러시아 볼셰비키 혁명을 모방한 공산주의 혁명이 발발했다. 불과 넉 달 만에 종식된 혁명이 성취한 바가 많을 리 없으나, 그 짧은 기간에 공산주의자들은 무려 600여 명의 '부르주아 반동분자'들을 죽였다.

공산주의 혁명 세력의 주축은 유태인들. 헝가리인들은 공산주의와 유태인을 한 묶음으로 보고 증오의 대상으로 삼았다. 이러한 분위기는 히틀러가 오스트리아를 병합한 후 헝가리를 자기편으로 만드는 데 매우 유리하게 작용했다. 헝가리는 히틀러 쪽에 서서 제2차 세계대전에 참전했고, 히틀러의 인종청소에도 적극 가담했다. 헝가리 전역에서 끌려간 43만 7,402명의 유태인이 아우슈비츠Auschwitz 수용소에서 숨을 거뒀다. 부다페스트에서 잡혀가서 죽은 유태인만 10만 명이었다.

전쟁이 독일의 패전으로 끝나자 소련군이 헝가리를 접수했다. 소련은 처음에는 선거를 통해 공산정권을 수립하려 시도했다. 그러나 인민들은 공산당에 표를 주지 않았다. 선거를 다시 해도 결과는 마찬가지였다. 이에 소련은 '공산당'이 아닌 '헝가리노동당'으로 간판을 바꾸고, 온갖 부정 투표와 선거 조작, 폭력을 동원해 이 당을 1948년에 집권당으로 만든다. 소련으로부터 독재 권력을 위임받은 자는 라코시 마차시Rákosi Mátyás(1892~1971)라는 유태인 공산주의자였다.

라코시는 주저 없이 프롤레타리아 혁명을 진전시켰다. 약 2,000명을 처형하고, 10만 명 이상을 투옥하고, 4만 4,000명을 강제 노동 수용소에 가두고, 1만 5,000명의 상류층들을 집단 농장에 보냈다. 조금이라도 정부에 도전할 기미가 보이면 비밀경찰이 찾아와 잡아갔다. 체포, 고문, 처형은 일상사가 됐다.

그럼에도 시민들은 국가의 폭력 앞에 굴복하지 않았다. 부다페스트의 부다와 페스트를 연결하는 머르기트Margit 다리를 건너 부다로 가서 남쪽으로 조금 내려가면 벰 광장Bem József tér이 나온다. 이 공원에서 1956년 10월 23일 오후, 2만 여 명의 청년 학생들은 소련의 괴뢰 정권 통치에 저항하는 시위를 벌였다. 벰 광장은 1848년 합스부르크 제국에 저항했던 폴란드인 장군 조제프 벰 동상이 서 있는 곳으로, 새로운 제국 소비에트에 대한 저항의 횃불이 이곳에서 점화된 것

1956년 부다페스트 시위에 나선 헝가리 시민들

이다.

시위대는 머르기트 다리를 건너 국회의사당으로 향한다. 저녁 시간이 되자 많은 시민들이 퇴근 후 시위대와 합류했다. 이 중 일부는 부다페스트 버로슬리게트Városliget 공원으로 이동해 거기에 서 있던 9미터짜리 스탈린 동상을 공격했다. 1951년에 공원 경계선에 서 있던 교회 건물을 헐고 세운, 받침대부터 재면 높이가 25미터가 되는 이 거대한 우상은 그날 밤 9시 반경 말끔히 해체되어 스탈린의 두 발만 남게 됐다.

거의 같은 시간에 시위대의 일부는 국영 라디오 방송국으로 진격해 자신들의 정당한 요구를 방송해줄 것을 요구했다. 경찰은 시위대의 요구에 사격으로 답했다. 시민들은 여기저기 피 흘리며 쓰러졌다. 시위대는 물러서기는커녕 분노에 치밀어 방송국으로 진격하며 경찰들을 제압했다.

그날 밤, 소련과 라코시 정권은 긴급회의를 했다. '이 사태를 어떻게 하지? 어떻게 하긴? 소련 탱크로 당장 제압해!' 다음 날 동이 트자, 부다페스트 시민들은 도시의 주요 건물과 도로에 시커먼 소련 탱크들이 들어선 모습을 보았다.

시민들은 물러서지 않았다. 젊은 여인들은 화염병을 만들어 탱크를 막아서고, 젊은 남성들은 무기를 탈취해서 시가전을 벌였다. 시민들을 모조리 학살할 정도로 사악하지는 못했던 헝가리노동당은 10월 28일 휴전을 선언하고, 소련 탱크들의 퇴각을 요청했다.

혁명은 이렇게 승리로 끝난 것인가? 시민들과 학생들의 환희는 오래가지 못했다. 소련 탱크들은 다시 돌아왔다. 11월 3일 밤, 탱크들은 부다페스트를 완전히 포위한 뒤 4일 새벽 3시, 강 동편 페스트 쪽으로 진격했다. 곧이어 부다 쪽으로 다리를 건너 온 도시를 장악했다.

날이 밝자 시민들은 운명의 시간이 찾아왔음을 깨달았다. 그리고 서슴없이 자유를 위해 피를 흘렸다. 화염병과 소총을 들고 맞선 남녀노소 부다페스트 시민들을 향해 소련 탱크는 기관총을 난사했다. 그리고 무차별 포격했다. 민가와 상가, 학교와 병원, 교회와 고아원, 모든 건물이 표적이었다. 1956년 11월 4일, 하루 동안 탱크가 죽인 부다페스트 시민의 수는 1,569명이었다. 무너진 콘크리트와 철근 사이마다 시민들의 붉은 피가 흘러내렸다.

07 15세기·21세기 | 피렌체 산타크로체, 산타마리아 노벨라, 산스피리토 성당

세 대가의 세 십자가상이 한자리에 모이다

피렌체 산스피리토 성당

전형적인 노동자의 모습을 한 도나텔로의 예수,
합리적인 신체 비율을 갖춘 브루넬레스키의 예수,
온화한 얼굴의 미켈란젤로의 예수의 영성이 한자리에!

2012년 11월, 이탈리아 피렌체. 이 도시에서 개최된 '문화유산 비엔날레'를 기념하여 피렌체의 세 성당에 걸려있는 르네상스 대가들의 나체 십자가상 셋이 한자리에 모였다. 전시장은 피렌체의 가장 중요한 상징적 공간인 산조반니 세례당(물 2장 참조). 주인공은 산타크로체에 있는 도나텔로Donatello(1386~1466)의 십자가상(1406~1408), 산타마리아 노벨라Santa Maria Novella 성당의 브루넬레스키Brunelleschi(1377~1446) 십자가상(1410~1415), 산스피리토San Spirito 성당의 미켈란젤로Michelangelo(1475~1564) 십자가상(1493).

2012년 문화유산 비엔날레를 기념해 산조반니 세례당에 모인 세 십자가상

도나텔로와 브루넬레스키는 친구이자 라이벌이었다. 도나텔로의 십자가상이 산타크로체에 걸린 것을 보고, 브루넬레스키가 한 말은 '저건 예수가 아니라 무슨 촌놈이야'였다. 브루넬레스키는 도나텔로에게 한 수 가르쳐줄 참으로, 자신도 십자가상을 조각했다. 도나텔로는 브루넬레스키의 작품을 보고 너무나 감탄한 나머지, 들고 있던 계란 세 개를 모조리 떨어뜨렸다. 미술사의 시조 조르조 바사리가 전해주는 이야기다.

이 이야기는 100퍼센트 사실은 아닐 가능성이 크다. 도나텔로의 십자가상은 산타크로체 성당의 부탁을 받고 만들어서 바로 성당에 걸렸지만, 브루넬레스키의 경우는 그렇지 않았다. 브루넬레스키는 이 십자가상을 완성해 놓고도 수십 년간 그냥 자기 작업실에 보관했

도나텔로의 십자가상

브루넬리스키의 십자가상

다가 죽기 1년 전인 1445년, 산타마리아 노벨라에 기증했다. 도나텔로가 브루넬레스키 생전에 친구의 작업실에 가서 그의 십자가상을 보고 탄복했을 수는 있으나, 아마도 들고 있던 계란을 떨어뜨리지는 않았을 것이다.

바사리가 전하는 일화가 사실이건 아니건, 두 대가의 십자가상은 확연히 다르다. 도나텔로는 머리가 크고 팔다리가 짧은 전형적인 농민 내지는 노동자의 모습으로 예수를 조각했다. 예수의 종아리 근육이 잘 발달되어 있고 발이 큼직하다. 목수 출신 예수, 노동자 메시아. 옆구리 창에 찔린 자국에서 피가 한 줄기 흐른다. 못 박힌 두 손, 두 발을 모아 박은 못에서도 피가 흐른다. 핏자국에도 불구하고 민중의 모습으로 구현된 도나텔로의 예수에게서는 활기가 느껴진다.

브루넬레스키의 예수는 비교적 날씬한 체구이나 신체 비율 균형은 잘 잡혀 있다. 도나텔로의 예수와는 달리, 그의 예수는 완전히 진이 빠져 있다. 창에 찔린 자국에서 흘러나온 피도 도나텔로보다 더 강조됐다. 여러 갈래로 흘러내린 피는 종아리까지 닿는다. 도나텔로의 예수는 허리에 긴 두건을 두르고 있다. 노동자다운 모습이다. 브루넬레스키는 십자가에 달린 예수의 몸을 그 어떤 천으로도 가리지 않았다. 완전한 나체. 남성의 몸 가운데 부분은 음모로 덮여 있다. 조각가는 그 이상의 디테일은 표현하길 자제했다.

도나텔로와 브루넬레스키의 십자가상이 이렇듯 서로 다른 것은 두 예술가의 기질이나 예술관의 차이 때문만은 아니다. 둘 다 로마에 머물며 고대 로마가 남긴 조각품과 건축물을 세밀히 연구하고 이를 모방하고자 한 고전주의자였다. 브루넬레스키는 정확한 비율과 균형을 자랑하는 피렌체 대성당의 '두오모' 설계자로 가장 유명하나, 도나텔로의 여타 조각 작품들도 고전적 균형미를 뽐낸다. 피렌체 바르젤로Bargello 박물관에 있는 청동 다비드상이나, 두오모 파사드에 있던 성 요한 대리석상 등이 대표적인 예다.

도나텔로와 브루넬레스키, 이 두 대가가 만든 십자가상의 차이는 이 작품들이 걸려 있는 두 성당의 차이이기도 하다. 피렌체 동쪽 끝에 자리 잡은 산타크로체는 가난을 중시하고 가난한 이들에게 헌신하고자 한 프란체스코 수도회의 교회다. 이곳에서 기념할 십자가 예수는 가난한 노동자의 모습과 닮도록 도나텔로가 의도했을 법하다. 반면에 도시 서쪽 끝에 있는 산타마리아 노벨라는 도미니코 수도회의 교회. 도미니코 회는 '설교자 수도회'이다. 설교에 필요한 교리와 논리에 정통한 지식인 수사들에게 기증한 브루넬레스키의 십자가상은 이들의 성향에 맞게 신체 비율이 합리적이다.

미켈란젤로는 선배들의 십자가상을 보며 컸을 것이다. 도나텔로나 브루넬레스키보다 한 시대 뒤에 피렌체에서 태어난 이 젊은 예술가는 18세 때인 1493년에 목제 십자가상 하나를 조각한다. 이 작품은 산스피리토 성당에 걸려 있다. 산스피리토는 아르노 강 남쪽에 있다. 도나텔로가 설계한 르네상스 양식 성당은 아우구스티노 수도회 교회였다. 미켈란젤로는 17세 때 첫 후견인인 로렌초 데 메디치Lorenzo de' Medici가 사망하자, 딱히 갈 데가 없었다. 이때 그를 거둬준 이들이 산스피리토의 수사들이었다.

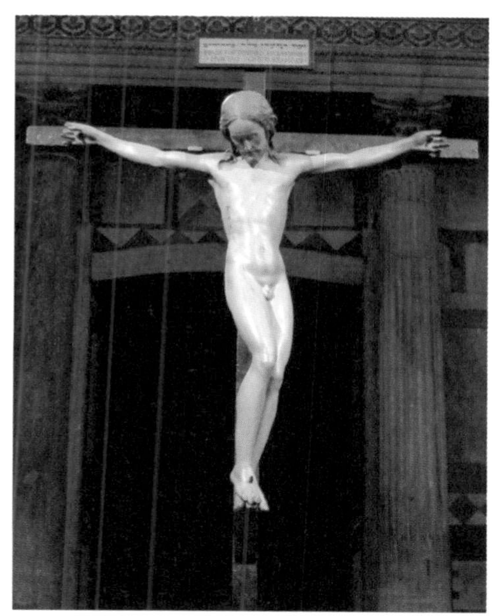

미켈란젤로 십자가상

아우구스티노 수도회는 새로운 예술 조류와 근대 사상에 호의적이었다. 수사들은 젊은 예술가에게 거처를 제공하고 교회 부속 병원에서 병들어 죽은 시체들을 연구하게 허락했다. 인체를 조각하고 그려낼 예술가에게 이 시체들은 값진 교재들이었다. 미켈란젤로는 이곳 수사들이 자신을 돌봐준 데 대한 고마움의 표시로 이 십자가상을 만들어주었다. 세월이 흘러 한때 이 십자가상은 행방불명 상태였으나, 1962년에 다른 수도원에서 다시 발견되어 원래 자리로 돌아왔다.

열여덟 살 청년 미켈란젤로의 예수는 브루넬레스키의 예수처럼 완전 나체다. 브루넬레스키가 회피한 남성 신체기관까지 상세히 묘사했다. 체구는 왜소한 편. 이 점에서는 도나텔로의 예수와 유사하나, 브루넬레스키의 예수처럼 신체의 균형이 잘 잡혀 있다. 고개 숙인 예수의 얼굴은 눈을 감았으나 온화한 인자함이 느껴진다. 선배들이 미처 고려하지 않은 의미의 깊이를 이 젊은 예술가는 탐구했다. 핏자국도 과장하지 않았다. 가시관을 썼던 머리에서 실타래처럼 내려오는 몇 개의 붉은 곡선으로 예수의 흘린 피를 표시했다. 두 손과 발, 못이 박힌 자리의 피는 검게 응고돼 있다. 이 젊은 조각가의 디테일은 과학적이며 정밀하다.

산타마리아 노벨라 성당 옆으로 1848년에 피렌체 기차역이 들어섰다. 기차역 이름도 이 성당 이름을 따서 산타마리아 노벨라 역. 역 주변은 여행객과 시민들, 아프리카 난민 출신 행상들로 늘 번잡하다. 인파를 피해 산타마리아 노벨라로 들어가면, 성당 안쪽 곤디 예배당Cappella Gondi에서 브루넬레스키의 예수를 만날 수 있다.

트리니타 다리 또는 베키오 다리로 아르노 강을 건너면(물 7장 참조) 산스피리토 광장이 나온다. 주말이면 젊은이들이 모여 맥주잔을 기울이는 놀이터다. 산스피리토 성당은 비교적 크기가 아담한 편이라 들어오면 이내 미켈란젤로의 예수를 만날 수 있다.

브루넬레스키나 미켈란젤로의 예수를 직접 보면, 그 충격이 쉽게 가시지 않는다. 2,000년 전 예루살렘 인근, 골고다 언덕의 십자가에 달려 있던 나사렛 예수의 모습이 그러했을 것이다. 음부도 가리지 않은 채 완전히 벌거벗겨진 상태로 십자가에서 피 흘리는 하느님의 아들. 그가 받았던 모욕과 수치를 묵상한 르네상스 천재들의 깊은 영성을 21세기 소비 사회의 지독한 소음과 소란도 아직은 말살하지 못했다.

CODE 4

돈

01 15세기 | 베네치아 카도로

우리의 도시를 위하여 나의 집을 짓다

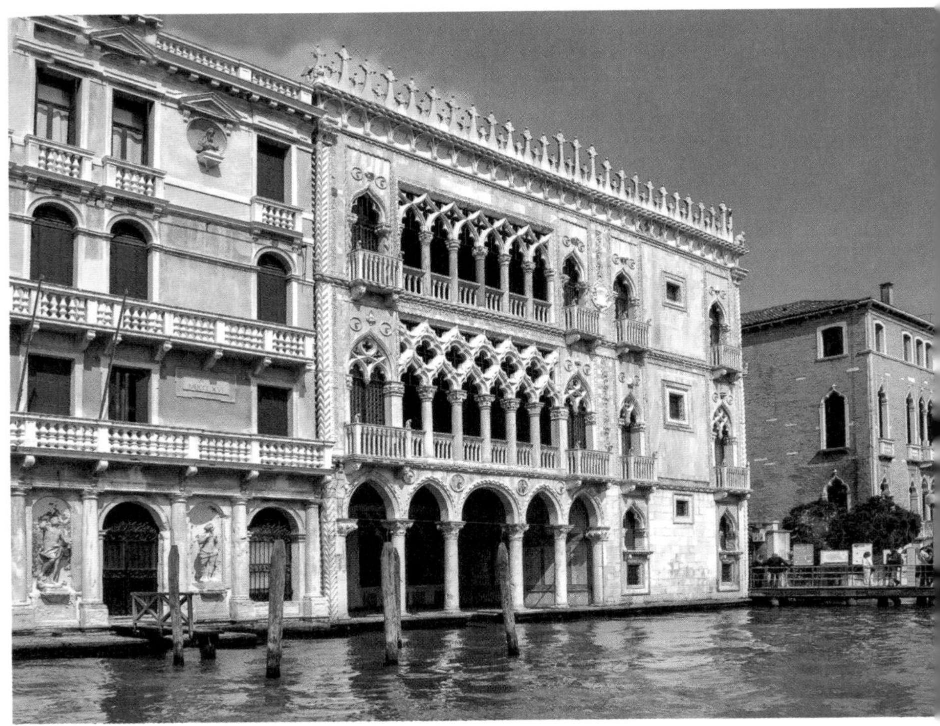

황금빛으로 찬란하게 빛났을 저택 카도로

베네치아 귀족 가문들은 엄격한 규율을 통해
집단 통치 계급으로서의 정통성을 지켜냈다.
화려한 저택 건축만이 유일하게 허용된 사치였다.

오랜 세월 동안 베네치아는 도시 그 이상이었다. 거의 1,000년의 세월을 버틴 베네치아 공화국. 300에서 400년간의 공화국 전성기에는 아드리아 해 연안에서 지중해 키프로스 섬까지 펼쳐진 거대한 식민지를 거느린 해상 제국이었다. 베네치아 공화국이 추구한 것은 영광과 부. 뛰어난 항해술과 강력한 해군을 토대로 동방무역을 독점해 부를 축적했다. 베네치아로 모여든 금화와 은화는 도시를 영화롭게 장식하는 데 쓰였다.

베네치아 전성기에 도시의 중심도로 역할을 한 대운하, 그란 카날레Gran Canale. 이 큰 물길 양옆에 즐비한 저택들의 파사드(건축물에서 주 출입구가 있는 정면부)는 정교한 돌 장식으로 보는 이의 눈길을 사로잡는다. 우리가 200년 전으로 돌아가 베네치아를 방문해서 곤돌라에 몸을 싣고 그란 카날레를 유람한다면, 이중에서도 유독 한 집의 파사드가 눈에 띄게 빛나는 모습을 놓칠 수 없을 것이다. 저택 전면에 온갖 금박을 입힌 집 '카도로Ca' d'Oro', 황금 저택.

카도로가 지어진 15세기는 베네치아 공화국이 아드리아 해와 지중해를 휘어잡던 전성기였다. 하지만 카도로의 찬란했던 원래 모습은 오늘날 상상 속에서나 그려봐야 한다. 19세기에 그 집이 한 러시아인에게 넘어갔을 때 거기 살던 여인이 금박들을 모조리 팔아버렸다. 오늘날 복원된 파사드도 아름답기는 하지만, 황금은 집 이름에 만 남아 있다.

베네치아는 중세의 다른 이탈리아 도시국가들처럼 공화정이었으나, 철저하게 귀족들만 정치에 참여하는 체제였다. 시민들은 상인, 기술자, 예술가, 지식인으로서 국가 발전에 기여했지만(물 3장 참조), 정치에서는 완전히 배제됐다. 이러한 결정을 내릴 무렵은 볼로냐의 탑들이 예시하듯(돌 3장 참조), 이탈리아의 다른 도시국가들이 귀족 가문들 간의 암투로 병들어가던 시대였다. 힘 센 가문 간의 경쟁과 싸움을 예방하기 위해 베네치아는 1297년을 기준으로 부와 힘에 차등을 두지 않고 모든 귀족 가문에 동등한 권리와 자격을 부여한다. 이후로는 그 어떤 가문도 이 귀족층에 새로 합류할 수 없었다.

대략 2,500명 정도의 귀족 가문 성인 남성들은 베네치아의 '대회의Maggior Consiglio'에 당연직으로 참가해 모든 주요 공직자에 대한 선출권 및 피선출권을 행사했다. 공화국의 최고 통치자인 '도제Doge'(지도자)도 이 '대회의'에서 선출됐다. 무려 열 번의 복잡한 선거과정을 거쳐 공화국에 큰 기여를 평생 해온 원로 중 한 사람이 '도제'로 뽑혔다. '도제'의 평균 나이는 72세. 임기는 종신이었으나 이미 나이가 많기에 독재자로 오래 군림할 여지는 없었다. 게다가 '대회의'의 유권자들은 부인이나 자식이 없는 독신 노인을 선호했다. 그러한 선택을 통해 특정 귀족 가문이 권력을 독점할 여지를 방지했다. '도제'의 권한과 의무에도 다양한 제약이 걸려 있었다. '도제'는 함부로 도시를 돌아다닐 수 없었다. 궁전에서 자신의 친인척을 사적으로 만나는 것도 불법이었다.

'도제'뿐 아니라 모든 귀족들은 스스로에게 엄격한 규율을 부여했다. 공식적인 행사에서는 늘 똑같은 검은 제복을 입어야 했고, 뇌물과 사치, 부패와 권한 남용을 금하는 온갖 법을 족쇄로 차고 다녔다. 귀족들은 마치 아테네의 부유한 시민들처럼 사비를 들여 공동체에 봉사해야 했다. 외교관으로 해외에 나갈 때 비용은 전적으로 자비로 충당했다. 게다가 해외에서도 베네치아의 품격을 떨어뜨리지 않는 수준의 생활을 유지해야 했다. 베네치아를 지키는 해군 함정마다 함정의 전투력을 책임지도록 각 귀족 가문을 배정했다. 이래저래 돈 쓸 데가 많은 귀족들은 상인들과 합작해서 무역사업을 하는 경우가 많았다. 그렇게 축적한 재산으로 공동체에 헌신하는 모습을 보임으로써 소수의 귀족 가문들은 베네치아의 집단 통치계급으로서의 정통성을 지켜냈다.

이러한 베네치아 귀족 가문들에 허용된 사치가 하나 있었다. 화려한 저택 건축. 이들이 습지의 물을 빼서 터를 잡고 집을 짓는 것은 베네치아의 땅이 늘어나는 것이기에 공화국 정부는 귀족들의 부동산 개발을 적극 장려했다. 대운하 한복판에 자리 잡은 '카도로'는 바로 이러한 귀족 가문의 과시성 저택 건축의 대표적인 사례다.

건축주는 베네치아 명문 귀족인 콘타리니 가문의 마리노 콘타리니Marino Contarini. 지중해 지역에서 무역으로 큰돈을 번 마리노는 처가 쪽 가문 소유의 땅을 구입했다. 건축은 유명 건축가인 조반니Giovanni와 바르톨로메오 본Bartolomeo Bon 부자에게 맡겼다. 이들은

카도로 내부에서 바라본 바깥 풍경

1428년에서 1433년 사이에 카도로를 완성했다.

건물의 주요 건축 자재는 벽돌이었으나 대운하 쪽 외벽은 하얀 대리석도 사용했다. 정교하게 조각해놓은 대리석 장식을 보며 오늘날에도 관광객들이 경탄하지만, 15세기 완공 당시의 모습은 훨씬 더 찬란했다. 건축 팀은 건축주의 뜻에 따라, 벽면 여기저기 금박을 입혀 놓았다. 또한 사이사이에 청금색 페인트로 배경을 칠해 금색을 더욱 더 빛나게 부각했다.

모든 물품을 수입해야 생존이 가능한 수상도시 베네치아에서 이렇게 화려한 건물을 지으려면 어마어마한 돈이 필요했다. 대리석은 멀리 토스카나 카라라Carrara와 그리스 파로스Paros 섬에서 구입해 배로 싣고 왔다. 검은색이나 붉은색 돌은 내륙의 베로나Verona에서 가져다 썼다. 이집트에서 핑크색 화강암을 수입하기도 했다. 카도로의 경우에는 아프가니스탄에서 수입한 라피스라줄리(청금석) 청색도 사용했다. 이 모든 건축 재료와 금박에 사용할 금은 모두 금화를 주고 사왔다. 콘타리니는 아낌없이 사재를 털어 멋진 집을 베네치아 대운하에 선사했다.

외벽 파사드는 정작 실내에서는 볼 수 없다. 그럼에도 파사드에 온갖 공을 들인 콘타리니, 그는 자신을 위해서가 아니라 베네치아 도시를 위한 집을 지은 셈이다.

02 15세기 | 피렌체 산마르코 수도원

코시모 데 메디치, 빈곤한 당신의 영혼을 위해

피렌체 산마르코 수도원

수도자이자 르네상스 화가였던 프라 안젤리코,
하느님께 아낌없이 바친 그의 재능은
오늘날에도 수도원의 프레스코에서 별처럼 빛난다.

피렌체의 산마르코San Marco 성당과 연결된 도미니코회 수도원에는 더 이상 수사들이 살지 않는다. 지금은 산마르코 수도원 박물관으로 보존되어 있다. 미술사가들이 초기 르네상스 화가로 분류하는 프라 안젤리코Fra Angelico(1387~1455)가 1436년에서 1445년까지 이곳에서 생활했다. 피렌체 북쪽 언덕 피에솔레 출신인 그를 동료 수사들은 처음에는 '피에솔레에서 온 조반니 수사'라고 불렀다. 그러나 같이 지낼수록 빛이 나는 고운 성품과 깊은 영성에 감명받은 동료들은 그를 점차 '프라 안젤리코', 즉 '천사 같은 수사'로 부르게 된다. 수도자이자 예술가였던 프라 안젤리코가 산마르코 수도원을 떠난 지는 수백 년이 흘렀으나, 하느님에게 아낌없이 바친 그의 재능 기부는 오늘날에도 수도원 벽의 프레스코에서 별처럼 빛난다.

수도원 2층, 수사들이 각자 홀로 기도와 묵상으로 일과를 시작하고 마무리하던 방으로 올라가는 계단에서 큼직한 벽화가 우리를 맞이한다. 이곳은 북쪽 계단이라 자연 채광이 밝은 편은 아니나, 오늘날은 전기 조명 덕에 아래쪽에서도 그림의 윤곽이 보이기는 한다. 이곳이 수사들의 기숙사로 사용되던 시대에는 관람객을 위한 이 같은 배려는 전혀 없었다. 벽화는 수사들이 계단을 올라가서 2층 복도로 들어가는 입구에 있는데, 계단을 올라갈수록 벽화의 형체가 분명해진다. 수사들은 매일 마주하는 이 프레스코화 앞에 설 때마다 묵도를 하며 지나갔다.

어떤 그림일까? 젊은 처녀 마리아가 상대방의 말을 경청하는 자세로 두 팔을 모은 채 몸을 앞으로 약간 기울이고 앉아 있다. 그녀 앞에 무릎을 꿇은 전령, 형형색색 화려한 날개가 그의 신분을 나타낸다. 천사장 가브리엘. 천사장이 자신을 찾아온 것도 충격인데, 더욱 더 충격적인 메시지를 전한다.

> 두려워하지 마라, 마리아. 너는 하느님의 은총을 받았다. 이제 아기를 가져 아들을 낳을 터이니 이름을 예수라 하여라. 그 아기는 위대한 분이 되어 지극히 높으신 하느님의 아들이라 불릴 것이다. (신약성서 「루가의 복음서」 1장)

이 '수태고지' 장면을 그린 프라 안젤리코의 템페라 버전은 스페인 마드리드 프라도Prado 미술관에도 걸려 있다. 1430년대 작품으로, 프라도의 소장 작품 중 나이가 제일 많은 편에 속하는 보물이다. 미술사가들은 프라도나 산마르코에 있는 프라 안젤리코의 〈수태고지〉(1440년대) 중 배경 포르티코(주랑 현관)에 구현된 원근법을 예찬한다. '프라 안젤리코의 이 그림들은 3차원 공간을 2차원 평면에 표현하므로 르네상스에 시동을 걸었다!' 참으로 존경스러운 성취임이 분명하나, 산마르코 수도원의 〈수태고지〉는 또 다른 의미의 공간성을 구현한다.

프라 안젤리코, <수태고지>, 1430년대

피렌체 산마르코 수도원 〈수태고지〉는 프라도 미술관이건 어디건, 그 어떤 다른 공간으로도 옮길 수 없다. 벽째 뜯어가서 전시하려면 건물을 망가뜨려야 할 것이고, 벽화 자체가 훼손될 것이다. 이 프레스코 벽화는 오직 그 장소, 그 분위기에서만 볼 수 있는, 또 그렇게 봐야만 하는 작품이다.

산마르코의 〈수태고지〉 자체가 다른 데로 떠나길 전혀 원하지 않는다. 이 벽화는 해당 공간의 여러 프레스코 벽화들과 한 가족을 이룬다. 수사들의 공동체는 프레스코의 공동체를 남겼다. 프라 안젤리코는 동료 수사들이 거주하는 방마다 벽에 벽화를 그려주었다. 각 방의 그림들은 북쪽 복도의 〈수태고지〉가 묘사한 순간에 마리아가

잉태하여 낳은 메시아 예수의 삶과 행적을 하나씩 재현한다.

수사 기숙사방 프레스코화에서 예수 외에 조연으로 등장하는 인물들은 모두 평범한 서민의 모습이다. 화려한 색채는 거의 볼 수 없다. 청색이나 강한 붉은색은 재료 값이 비쌌기에 흐린 녹색이나 희미한 핑크색만 가끔씩 등장한다. 소박한 삶을 사는 수사를 위한 소박한 그림이다. 바로 그렇기에 이 그림들은 더 소중하다. 이 벽화들은 가난한 메시아 나사렛 예수를 가난하게 섬긴다. 이들의 겸허한

벽화가 그려진 수도원 기도실

영성은 예술을 섬기기 위해 마련한 피렌체 우피치Uffizi 미술관의 그림들이 한껏 드러내는 자기과시와는 전혀 다른 세계를 이룬다.

프라 안젤리코는 이 모든 그림을 무료로 그려주었다. 그는 외부 용역을 나가서는 돈을 받기도 했으나, 그 돈 또한 수도회에 헌금하거나 본인이 직접 가난한 이들에게 나눠주었다. 노동은 하지만 노동의 대가는 돈이 아니라, 작품 그 자체였다. 자신의 예술은 하느님께 바치는 예물. 그것이면 족했다. 거액의 수당을 챙길 수 있는 최고의 화가였건만, 그는 수사로서 늘 검소한 절제의 삶을 살았다.

화가는 무료로 봉사한다 해도 그림 제작비는 누군가 대줘야 했다. 산마르코 수도원의 후원자 중에는 다름 아닌 코시모 데 메디치 Cosimo de' Medici가 있었다. 그는 메디치 은행의 주인으로, 피렌체는 물론이요 이탈리아 전역에서도 손꼽는 부자였다. 코시모는 부친 조반니가 세워서 키운 메디치 은행을 물려받아 유럽 전역에 걸친 다국적 기업으로 성장시킨다. 금권을 통해 피렌체 공화국을 실질적으로 움직이는 정치 실세 중 실세인 코시모. 1433년에 메디치 가문의 부와 권세를 시기하는 세력에 쫓겨 코시모는 베네치아로 망명하나 1년 만에 다시 당당히 귀환한다. 피렌체 시민들의 대다수는 코시모 지지자였고, 피렌체에 사는 사람 중 절반은 메디치 덕에 먹고 살았다. 다시 피렌체의 권력을 잡은 코시모는 권력을 유지하는 정치 자금도 넉넉히 풀었고, 화가와 건축가들을 지원하는 데도 돈을 아끼지 않았다.

코시모는 프라 안젤리코의 산마르코 벽화 비용을 흔쾌히 대주었다. 그리고 수도원의 방 하나를 전용으로 사용했는데 프라 안젤리코

코시모 디 메디치의 기도실

가 그 방에도 벽화를 그려주었다. 물론 코시모를 위한 방은 다른 수사들의 방과 약간 다르긴 했다. 방의 크기야 똑같지만 코시모를 위한 프레스코는 값비싼 안료인 청색을 마음껏 집어넣어 시각적인 효과를 강화했다. '물주'에 대한 예우였을까? 그보다는 돈은 넘치게 많으나 가난한 수사들에 비해 영혼이 빈곤한 그를 위해 그리스도의 모습을 좀 더 선명하게 그려준 화가의 배려였을 것이다.

돈과 권력, 거래와 음모의 때가 덕지덕지 묻은 자신의 영혼을 씻기 위해 코시모 데 메디치는 이따금 수도원에 와서 하룻밤을 지냈다. 일개의 평범한 수사처럼, 자신의 부와 권력의 효력을 일시 정지시킨 채 산마르코 수도원에서 무릎 꿇은 코시모. '나는 당대 최고의 부자이자 피렌체의 최고 실세 권력자이나, 나 또한 목숨이 끊기면 손에 쥔 모든 것을 내려놓고 하느님의 심판대 앞에 설 것이다.' 코시모는 심판의 순간에 자신을 변호해달라고 가난한 메시아 예수에게 간절히 기도했다.

03 14~16세기 | 로마 성베드로 대성당

아름다움을 위해서라면 천 년의 역사쯤은 허물 수 있다

바티칸 성베드로 대성당

"교황님, 철거가 우선입니다."
성베드로 대성당 천년의 역사를 뭉개버린 브라만테는
그 파괴적 업적 덕에 자기 이름과 각운을 맞춘
'루이난테Ruinante(파괴자)'라는 별명을 얻는다.

단테의 『신곡』을 「지옥」과 「연옥」을 거쳐 「천국」까지 완독한 독자들은 그가 얼마나 정의에 굶주린 시인이었는지 절감한다. 모든 근심과 눈물과 원한에서 벗어난 천국의 성인들도 지상에 만연한 불의 앞에서는 얼굴을 붉히며 분노한다. 예수의 수제자 성 베드로의 자리를 승계한다는 교황. 그런 교황의 타락을 개탄하는 성 베드로는 천국에서 바티칸을 내려다보며 다음과 같이 격분한다.

> 내 자리, 내 자리, 내 자리는 비어 있는 것이나 마찬가지,
> 시궁창이 되어 있으니! (「천국」 27곡)

단테가 보기에 가장 성스러워야 할 교회를 돈과 권력으로 썩게 만들며 온 세상을 분쟁의 소용돌이로 몰아넣은 지도자들, 부패한 교황들이야말로 모든 악의 근원이었다. 게다가 1309년부터 교황청은 성 베드로가 순교한 로마를 떠나 남부 프랑스 아비뇽Avignon으로 이사를 갔다. 단테가 「천국」을 쓸 당시인 1310년대에 성 베드로의 자리는 그야말로 텅 비어 있었다.

교황이 동시에 두 명, 심지어 세 명까지 난립하던 혼란기에 마침내 종지부를 찍고 로마로 교황이 복귀한 것은 1420년이다. 교황이

로마를 비운 한 세기가 넘는 세월 동안, 도시는 완전히 황폐해져 있었다.

도시도 엉망이었지만 가장 중요한 건물, 성베드로 대성당Basilica di San Pietro의 상태는 말이 아니었다. 교황은 도시와 교회들을 시급히 재건해야 했으나 돈이 문제였다. 교황 니콜라스Nicholas 5세는 1450년을 희년jubilee으로, 모든 죄를 사해주는 '기쁨의 해'로 선포한다.

로마의 교회와 성지들을 방문하면 그간 지은 죄가 어느 정도 탕감된다고 교황은 선언했다. 크고 작은 죄에서 자유롭지 못한 이들은 유럽 전역에 넘쳐나기 마련이었는데, 그들이 로마로 몰려왔다. 로마로 먼 순례 길을 떠나 마침내 목적지에 도착한 숱한 유럽인들은 죄를 사해준 대가로 교회와 성지에 돈을 남기고 갔다. 돈은 순식간에 거금으로 불어났다. 교황이 메디치 은행 한 군데에만 저금한 피오리노 금화가 무려 10만 개였다. 다른 은행까지 합치면 수입의 규모는 훨씬 더 컸다.

기금을 마련한 교황은 레온 바티스타 알베르티Leon Batista Alberti를 부른다. 알베르티는 고대 로마의 건축 기법을 다시 부활시키자는 르네상스Renaissance(다시 태어남) 건축 운동을 선도하던 인물이었다. 새로운 예술 조류에 호의적이던 교황은 그를 불러 자문을 구한다. 알베르티가 보기에 옛 성베드로 대성당은 한마디로 끔찍한 건물이었다. 알베르티는 지인에게 속마음을 이렇게 털어놓는다.

투박한 직사각형 건물에 십자가 모양을 내느라 약간의 변형

산탄젤로 성에서 바라본 성베드로 대성당

> 을 주었으나, 조형미와는 거리가 멀어. 긴 벽면을 보강하는 장치가 전혀 없으니, 벽이 무너져 내릴 위험도 적지 않아. 아무튼 이 건물은 헐고 다시 지어야 해.

그러나 기독교를 공인한 콘스탄티누스 황제가 직접 지은 이 역사적 건물을, 성 베드로의 뼈가 묻혀 있고 1,000년 넘게 기독교 교회의 상징으로 우뚝 서 있던 교회를 철거한다는 것은 있을 수 없는 일이었다. 니콜라스 5세는 건물의 본체는 손대지 못하게 하고 부분 개축과 보강만 허락했다. 이를 위해 검투사 경기장 콜로세움의 돌들을 갖다 쓰게 했다(피 2장 참조). 오늘날 콜로세움이 여기저기 돌이 빠져 있는 남루한 모습으로 남아 있게 된 형국에는 교황 니콜라스 5세도 어느 정도 기여했다.

알베르티가 꿈꾼 성베드로 대성당의 변신은 가운데 거대한 돔을 올리는 데 맞춰져 있었다. 이 비전은 세기가 바뀌어 16세기 초 교황 율리오Julius 2세에 의해 실현된다. "교황님, 어떻게 천 년을 버틴 대성당을 헐어버릴 수 있단 말입니까?" 만류하는 추기경들의 발언을 교황은 묵살한다. 그가 선발한 건축가는 도나토 브라만테Donato Bramante. 브라만테는 고대 로마의 신전 건축 기법을 그대로 모방하여 교회나 기타 공공건물 건축에 적용하는 데 열심을 내던 인물이었다. 알베르티와 마찬가지로 브라만테의 눈에도 옛 성베드로 대성당은 그 상징적 의미가 무엇이건 간에 말끔히 철거하는 게 마땅한 흉물이었다.

브라만테는 로마 자니콜로 언덕에 있는 산피에트로 인 몬토리오San Pietro in Montorio 성당 안에 완벽한 균형미를 구현한 원형 기념물 '템피에토Tempietto'를 설계하고 완성한다. 템피에토가 세워진 곳은 성 베드로가 십자가 순교를 당한 곳이었다. 전승에 따르면, 성 베드로는 예수 그리스도처럼 서서 십자가형을 당하는 것은 자신에게 과분하다며 거꾸로 십자가에 매달아달라고 했다. 그의 요청을 받아들인 로마 병정들은 그곳에서 베드로를 머리가 밑으로 가게 십자가에 매달아 처형했다. 목수 출신 예수의 수제자 베드로는 유대 땅 갈릴리 호수의 어부 출신이다. 유태인 베드로가 처형당한 바로 그 자리에다 그의 순교를 기념한다며 로마 신전을 연상시키는 원형 돔을 만

카라바조, <성 베드로의 십자가 처형>, 1600년경

들어놓은 '르네상스' 지식인, 브라만테는 그런 인물이었다.

1506년에 첫 삽을 뜬 성베드로 대성당 재건축에서 브라만테가 한 일은 그리 많지 않다. 브라만테의 설계는 1514년 그가 사망한 후 미켈란젤로 등 여러 후대 거장들의 손을 거치며 상당히 변형됐기에 온전히 그의 공로로 인정할 만한 몫은 옛 건물의 철거 정도다. 1,000년의 역사를 서슴없이 뭉개버린 브라만테는 이러한 파괴적인 업적 덕에 자기 이름 '브라만테Bramante'와 각운을 맞춘 '루이난테Ruinante'(파괴자)라는 별명을 얻는다.

브라만테는 성베드로 대성당 위에 판테온의 돔과 유사한 콘크리트 돔을 올리려 했다(돌 1장 참조). 이교도 신전 판테온과 차이가 있다면 길이가 균등한 십자가 형태의 바닥 위로 각기 네 개의 돔이 중간 돔을 에워싸도록 설계했다는 점이다. 브라만테의 설계도대로 성베드로 대성당이 세워졌다면 지금의 모습과는 매우 달랐을 것이다.

브라만테가 성베드로 대성당 재건축에 착공한 1506년에서 거의 한 세기 후인 1590년, 성당의 돔이 완공됐다. 이 엄청난 공사에 들어간 막대한 건축비의 일부를 율리오 2세는 면죄부 판매로 충당했다. 니콜라스 5세는 로마로 온 순례자들에게서만 돈을 거뒀지만, 율리오 2세는 유럽 전역으로 사람을 보내 면죄부를 팔게 했다. 새로운 비즈니스 모델이었다. 나머지 비용은 아메리카 신대륙에서 캐낸 금과 은, 그리고 시에나 출신 은행가 아고스티노 키지Agostino Chigi에게 융자해서 충당했다.

율리오의 국제적 면죄부 영업을 더욱더 수익성 높은 비즈니스로 발전시킨 인물은 메디치 가문 출신의 교황 레오Leo 10세다. 레오가 성베드로 대성당을 열심히 짓고 있을 때 이 건물이 상징하는 서방 교회의 한 축이 무너져 내린다. 독일 작센 지방의 아우구스토회 수사 마르틴 루터가 면죄부 판매로 축재에 여념이 없는 교황을 공개적으로 비판하는 문건을 1517년에 발표한 것이다(돌 5장 참조). 루터는 외쳤다.

면죄부를 파느니, 차라리 성베드로 대성당을 허물어 버리시오!

교황에게 반기를 든 루터, 그리고 그를 따르는 세력에 의해 일어난 종교개혁으로 로마 교황청은 종교적 권위에 큰 타격을 입는다. 결과적으로 브라만테의 옛 성베드로 대성당 파괴는 서유럽 기독교 공동체의 붕괴를 알리는 전주곡이었다.

04 15~16세기 | 방카 몬테 데이 파스키 디 시에나

긍휼의 산성으로 고리대금업에 맞서라

방카 몬테 데이 파스키 디 시에나와 경제학자 반디니의 조각상

프란체스코회 수도사들의 서민 금융 제도 '몬테 디 피에타',
여기서 돈을 빌릴 때는 두 가지 서약을 해야 했다.
첫째, 돈은 자기가 쓰기 위해 빌린다.
둘째, 돈을 부도덕한 곳에 쓰지 않는다.

방카 몬테 데이 파스키 디 시에나Banca Monte dei Paschi di Siena, BMPS. 이탈리아 도시 어디에서나 볼 수 있는 이탈리아 4위 규모의 대형 은행이다. 은행은 로고를 통해 '1472년에 설립'됐음을 선전한다. 그 주장대로라면 BMPS는 오늘날까지 세계에서 영업하는 은행 중에서 가장 나이가 많다. 이 유구한 역사의 키워드는 '몬테Monte'(산). 이 은행은 가톨릭 교리에 맞춘 서민 금융 제도인 '몬테 디 피에타Monte di Pietà'(긍휼의 산)로 1472년에 출범했기에, 공식 이름에서 '몬테'가 '방카'(은행) 다음에 나온다. 시에나 은행이 근대적 은행의 형태를 갖춘 것은 1624년으로, 이름에서 '몬테'를 빼면 그 역사가 현저히 줄어든다.

시에나에서 '몬테 디 피에타'가 설립될 때만 해도 아직 시에나 공화국은 토스카나의 비옥한 땅을 다스리는 독립국가였다. 공화국 정부는 시에나의 '몬테'를 인가해주며, 자국의 영토이던 마렘마Maremma 목초지에서 얻는 수입으로 보증을 서주었다. 은행의 약자 BMPS에서 P가 가리키는 것이 바로 이 마렘마 목초지Paschi다. 시에나가 1555년 피렌체에 주권을 빼앗기자(돌 4장 참조) 시에나의 '몬테'도 시에나 공화국의 다른 모든 기관과 마찬가지로 심각한 위기를 맞는다. 그러나 1624년, 피렌체와 토스카나 전역의 공식 통치자가 된 메디치 가문의 페르디난도Ferdinando 2세가 마렘마 목초지 수입 보증을 재가해줌으로써 시에나 은행은 안정적인 경영을 할 수 있었다. 19세기에 이탈리아가 통일국가가 된 후 이 금융기관은 주택담보 대출 등 새로운 상품을 개발해 전국적인 은행으로 발전했다.

시에나 은행에 이름을 남긴 '몬테 디 피에타'는 고리대금에 시달리던 민중들을 구제하기 위해 세워진 소액금융 모델이었다. 중세 그리스도 교회는 이자놀이를 금지했다. 돈이 돈을 낳는 것은 자연 이치에 어긋난다는 스콜라 철학과 돈의 노예가 되지 말라는 그리스도의 가르침이 결합된 결과였다. 기독교를 믿기 거부하는 유태인들에게는 이 금기가 해당되지 않았다. 당시 중세 이탈리아 도시의 유태인들은 차별과 배척을 받으며 제대로 된 일자리조차 구할 수가 없었다. 그래서 그들은 돈을 빌려주고 그 이자로 먹고 살았다. 법적인 지위가 불확실한 유태인들이 채권을 회수하는 데는 상당한 위험이 따랐기에 유태인 대부업자들은 말하자면 보증 보험료까지 얹어서 20퍼센트 정도의 이자를 요구했다.

생계가 위태로운 도시 서민에게 20퍼센트 이자는 매우 부담스러운 고리였다. 게다가 마땅히 담보 잡힐 자산도 없는 사람들은 집안의 물건을 되는대로 들고 전당포로 갔는데, 전당포 주인 역시 유태인이었다. 밥 해먹을 식기까지 유태인 전당포에 맡겼다가 빚을 갚지 못해 그것마저 빼앗기는 서민들이 부지기수였다.

이러한 현실에 분노한 이들이 등장한다. 청빈한 삶을 살며 가난한 이웃에게 봉사하라는 성 프란체스코를 따르는 프란체스코회 수

서민 금융 제도 '몬테 디 피에타'

사들이었다. 이들은 '몬테 디 피에타'라는 새로운 서민 금융 제도를 고안해냈다. 대중의 반응은 뜨거웠다. 수사들의 지도 아래 페루자Perugia에서 1462년에 첫 '몬테'가 등장한 후 다른 이탈리아 도시들에도 연달아 몬테가 설립됐다. 볼로냐Bologna(1473년), 밀라노Milano(1483년), 제노바Genova(1483년), 만토바Mantova(1484년), 베로나Verona(1490년), 파비아Pavia(1493년) 등지로 계속 퍼져나갔다. 1472년에 출범한 시에나의 '몬테'는 이 중 선도그룹에 속한다.

'몬테 디 피에타'는 근본적으로 비영리 조직이었다. 수익보다는 봉사가 존재 이유였기에 이자율은 5퍼센트에서 10퍼센트 사이에서 각 도시 사정에 맞게 적절히 정했다. '몬테'가 매기는 이자는 유태인 업자들처럼 빌려준 돈의 값이 아니라 기관을 운영하는 서비스 비용이라고 프란체스코회 수사들은 설명했다. 베로나의 '몬테'를 예로 들면, 중소 규모의 대여는 무이자이고, 금액이 큰 경우에만 고정 이율 6퍼센트를 받았다. 이렇듯 자비로운 금융 서비스가 가동되자, 베로나를 비롯한 이탈리아 도시들에서 가난한 서민들을 상대로 푼돈 이자를 챙겨 먹고 살던 유태인 전당포들이 직격탄을 맞았다.

그러나 '몬테'는 무조건 돈을 나눠주는 기관은 아니었다. 돈을 빌릴 때 담보로 소유물을 맡기는 것은 필수였고, 대출 시 요구하는 게 두 가지 더 있었다. 첫째, 해당 돈은 자기가 쓰려고 빌린다는 서약. 둘째, 이 돈을 부도덕한 곳에 사용하지 않겠다는 약속. 빌린 돈을 액수에 따라 원금 또는 일정 이자를 합해서 1년 후에 갚으면, 담보로 맡긴 물건을 되찾을 수 있었다. 만약 갚지 못하면 담보를 경매에 부쳐 처분했다.

'몬테 디 피에타'에서 '몬테'(산)는 자본금을 지칭한다. '몬테 디 피에타'는 '긍휼의 산'이라는 뜻이지만, 죄의 무게를 줄이는 '공덕의 산'이기도 했다. '몬테'의 자본금에서 부유하나 탐욕스럽게 돈 벌고 이기적으로 돈 쓰느라 지은 죄를 덜어보려는 이들의 기부금이 큰 비중을 차지했다. 소액의 이자를 받기로 하고 예금하는 사람들에게도 '몬테'의 문은 열려 있었다. 여윳돈이 없는 사람들도 '몬테'에 기여하라고 수사들과 사제들은 독려했다. 사제들은 성당에 헌금함을 비치했고, 종교 행렬 때 모금 대원을 보냈으며 고해성사 때 '몬테'에 기부하면 방금 고해한 죄가 씻길 것이라고 충고했다. 이렇게 모인 '긍휼의 산'은 서민들을 위한 소액대출 외에도 도시가 위기에 처했을 때는 긴급 자금으로, 평상시에는 고아와 병자, 가난한 이들을 돌보는 재원으로도 사용됐다.

물론 인간이 하는 일이니만큼, 모든 것이 순조롭게 돌아가지만은 않았다. 1462년 가장 먼저 출범한 페루자의 '몬테'는 1481년에 심각한 회계부정으로 위기를 맞는다. 1503년에는 간부들의 사기 행각이 들통나서 존립이 위태로워지기까지 한다. 시에나의 '몬테'도 1505년에 자본금 반이 사라져버리는 사고가 터진다. 그 여파로 1511년에는 아예 폐쇄됐다가 1569년에 다시 시에나 '몬테'가 세워지나, 간부와 직원이 짜고 금고를 털어 도주하는 바람에 1577년에 또 다시 심각한 위기에 봉착한다.

이따금 심각한 금융 사고들이 터지기는 했어도 돈이 남는 사람과 돈이 부족한 사람이 같이 살 수밖에 없는 도시에서 '몬테'는 공동체를 결속하는 요긴한 역할을 수행했다. '몬테'는 예금자와 기부자의 여윳돈을 내세에서의 구원을 얻는 화폐로 변신시켰다. 삶이 힘겨운 이웃들은 '몬테'가 빌려준 돈 덕분에 구걸의 굴욕을 피할 수 있었다.

방카 몬테 데이 파스키 디 시에나. '긍휼의 산' 후손임을 자처하는 이 은행은 오늘날 그 멋진 이름 외에 가난한 이들에게 무이자 생활자금을 대주던 '몬테'의 선한 취지가 그 어디에 남아 있는지 분명치 않다.

05 16~17세기 | 안트베르펜과 암스테르담

한 도시는 지고
한 도시는 뜨고

운하의 도시 암스테르담

'스페인의 광기'를 경험한 안트베르펜의 상인들은
돈을 모조리 챙겨 암스테르담으로 이주한다.
이제 안트베르펜에 남은 것은 쇠퇴의 길뿐이었다.

오늘날 세계에서 가장 유명한 도시 뉴욕의 원래 이름은 '니브 암스테르담Nieuw Amsterdam'(새 암스테르담)이다. '새 암스테르담'은 세계 금융의 심장 월스트리트Wall Street가 있는 맨해튼Manhattan 남쪽 끄트머리에 국한된 작은 도시이긴 했어도, 출범한 지 채 50년도 되지 않은 신생 네덜란드 공화국이 1624년 신대륙에 개척한 무역 요충지였다. 그로부터 40년 후인 1664년, 영국과의 전쟁 와중에 네덜란드는 이 땅을 영국에 빼앗긴다. 이름도 '뉴욕New York(새 요크)'으로 바뀐다.

'새 요크'의 전신 '새 암스테르담'을 낳은 암스테르담 자체도 당시에는 유럽 도시 중에서는 상대적으로 새로 부상한 신흥 도시였다. '새 암스테르담'을 개척하기 불과 반세기 전만 해도 암스테르담은 유럽 북해 연안의 저지대(벨기에, 네덜란드, 룩셈부르크로 구성된 지역)에서 막강한 도시는 전혀 아니었다. '암스텔 강의 댐'이란 뜻의 이름처럼, 이곳은 원래 암스텔 강변의 늪 사이 강둑에 생겨난 작은 어촌이었다. 암스테르담의 요람인 그 터전의 이름은 '담Dam'으로, 오늘날에도 이 도시의 가장 중요한 광장이다. 암스테르담은 1342년에 자치 도시 자격을 얻기는 하나, 15세기가 돼서야 비로소 운하를 파고 땅을 늘리고 성곽을 지어 어느 정도 도시의 모습을 갖춘다.

암스테르담은 수심 깊은 바다에 바로 닿아있는 천혜의 항구 도시다. 16세기로 진입하면서 암스테르담은 이 장점을 이용하기 시작한다. 암스테르담은 기술이 뛰어난 저지대의 장인들이 만든 물건들을 북유럽 발트 해 지역으로 싣고 가서 곡물을 수입한 후 저지대에 배분하는 항구 역할을 했다.

암스테르담이 발전할 수 있는 결정적인 계기는 급변하는 국제정세가 마련해주었다. 당시 저지대 전역의 지배권은 스페인 합스부르크 왕실이 갖고 있었다. 스페인 왕실은 경제 발전 수준이 스페인 본국보다 훨씬 앞섰던 저지대 도시들에서 세금을 두둑이 뜯어가 마음껏 썼다. 세금 수탈을 당하던 도시들의 인내는 점차 한계에 이르렀고, 이들의 불만은 마침내 폭발했다. 1568년, 저지대 도시들은 스페인 왕실의 지배를 물리치려 총칼을 들고 봉기한다.

막강한 군사력을 자랑하는 대국 스페인과의 전쟁은 쉽지 않았다. 그러나 저지대 도시들은 물러서지 않았다. 공통의 적 앞에서 도시들은 뭉쳤다. 암스테르담이 소속된 홀란트Holland를 주축으로, 일곱 개 지방의 도시들이 1581년에 '네덜란드 7개주 연합 공화국'을 결성한다. 스페인에 대한 불만과 함께 종교개혁도 큰 몫을 한다. 독일 중북부 지역이 루터의 개신교로 종교를 바꾸던 16세기 중반, 프랑스인 장 칼뱅Jean Calvin의 손을 거치며 루터보다 더 열렬히 가톨릭교회를 배격하는 '개혁주의' 교파가 등장한다. 네덜란드 공화국 창설 주도자들은 개혁주의 교회에 매력을 느낀다. 가톨릭도 아니고 루터교도 아닌 제3의 옵션 '개혁주의' 교회를 택함으로써 이들은 독일의 개신교로부터도 독립하고, 가톨릭의 수호자로 행세하는 스페인 합스부르크 왕실과의 전면 대결을 위한 명분 및 이념을 확보한다.

당시 저지대 지방 최대의 상업도시인 안트베르펜Antwerpen도 스페인에 맞섰다. 안트베르펜은 암스테르담이 암스텔 강가 어촌이던 중세 때에도 신성로마 제국의 주요 도시 대열에 당당히 들어가 있었다. 근세 시대에 안트베르펜은 포르투갈과 스페인이 신대륙을 발견하여 그곳에 사탕수수 농장을 운영하자, 설탕원료를 수입 정제하여 유럽에 공급하는 거점 도시가 됐다. 경제는 날로 번성했고, 온 유럽의 상인들이 안트베르펜으로 모여들었다. 1531년에는 세계 최초의 증권거래소가 안트베르펜에 들어섰으며, 16세기 중반까지도 안트베르펜의 앞날은 매우 밝아 보였다.

스페인 왕 펠리페 2세는 본인의 권세에 도전하는 자들을 응징하는 데는 열심이었으나, 전쟁비용을 마련할 재정을 관리하는 데는 별로 주의를 기울이지 않았다. 그는 저지대의 반역세력을 무찌르라고 군사를 보내놓고는 이들에게 봉급을 제때 주지 않았다. 분노한 스페인 군인들은 1576년, 저지대에서 가장 잘사는 도시 안트베르펜으로 몰려갔다. 이들은 무차별 약탈과 학살을 자행하며, 단 하루 만에 7,000여 명의 시민을 도륙했다. 이른바 '스페인의 광기De Spaanse Furie'로 불리게 된 이 만행을 겪은 안트베르펜이 스페인 왕에 반대하는 진영에 가담한 것은 너무나 당연한 일이었다.

그러나 안트베르펜의 가치를 너무나 잘 아는 스페인 왕은 모든 수단과 방법을 동원해서 이 도시만은 내주지 않았다. 1585년, 안트베르펜은 스페인군의 포위를 견디지 못하고 항복한다. 항복 조건은 원

작자 미상, <스페인의 광란>, 1585년경

하는 시민들은 도시를 떠날 수 있게 해달라는 것이었다. 스페인군의 무지막지한 폭력을 생생히 기억하는 이 도시의 상인과 사업가들은 돈을 모조리 챙겨 대거 암스테르담으로 이주했다. 도시의 두뇌와 밑천이 일거에 빠져나가자 안트베르펜은 쇠퇴의 길에 접어들었다. 자치권을 상실하고 스페인 귀족의 직접 통치하에 들어간 안트베르펜이 옛 활력을 되찾기는 불가능했다.

암스테르담은 처음에는 네덜란드 공화국에 참여하기를 꺼렸다. 그러나 안트베르펜이 1576년에 당한 재앙을 목도한 후인 1578년,

반 스페인 진영에 합류했다. 이후 네덜란드의 독립을 쟁취하려는 반군의 활약으로 서서히 네덜란드 지역에서 스페인 세력이 밀려나자, 암스테르담으로 피신했던 안트베르펜 상인들의 자금과 비즈니스 네트워크 노하우 덕에 16세기말 암스테르담은 무역과 해운의 중심지로 순식간에 부상한다.

안트베르펜 상인들이 암스테르담으로 이주한 지 한 세대 후인 1629년, 암스테르담 상인들이 연대 서명한 비망록에는 다음과 같은 문구가 등장한다.

> 우리는 바다에서 다른 나라들의 배들을 모두 몰아냈고,
> 다른 나라들의 사업을 거의 모두 끌어왔으며,
> 유럽 전역으로 우리의 선박들이 물건을 나른다.

'개혁교회'를 내세워 스페인 왕실을 물리친 네덜란드 공화국의 대표도시 암스테르담. 이곳의 상인들이 서명한 이 문건에서는 일반적으로 있을 법한 '이 모든 행운이 하느님의 은총이다' 같은 표현은 찾아볼 수 없다.

06 17세기 | 암스테르담 담 광장

미술도 사업,
동업자끼리는 돕고 삽시다

암스테르담 담락 거리의 주택들

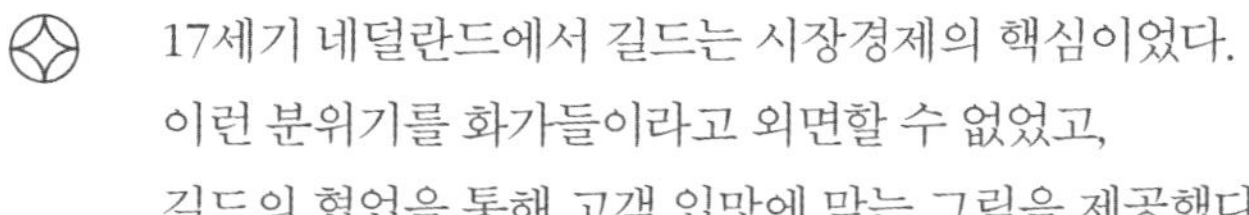

17세기 네덜란드에서 길드는 시장경제의 핵심이었다.
이런 분위기를 화가들이라고 외면할 수 없었고,
길드의 협업을 통해 고객 입맛에 맞는 그림을 제공했다.

16세기에 스페인 왕실의 지배에서 벗어나(돈 5장 참조) 17세기에 본격적으로 새로운 길에 들어선 네덜란드 공화국은 모든 것이 적당히 합리적인 사회였다. 명분과 원리에 얽매이지 않고, 시장논리에 따라 신축적으로 이익을 추구하는 사회. 예술가들이 생존하는 방식도 시장 논리를 따르지 않을 수 없었다. 네덜란드에서 화가들은 그리스도를 위한 구도의 자세로 성화를 그리던 프라 안젤리코(돈 2장 참조)와는 전혀 다른 성품과 성향을 갖지 않는 한 살아남을 수 없었다.

네덜란드가 스페인 왕실의 지배를 떨쳐버리는 과정은 가톨릭교회를 무너뜨리는 일과 동전의 앞뒤를 이루었다. 대부분의 업종은 지배적 종교의 변화가 장사에 큰 영향을 미치지 않았지만, 화가들은 그렇지 않았다. 가톨릭교회는 성화와 조각, 성물 장식 등 다양한 조형예술품을 교회 안에 비치했다. 반면에 네덜란드의 개신교는 모든 성화와 조각을 '우상'으로 몰아 제거하는 칼뱅주의 개혁교파였다. 화가들은 가톨릭교회가 네덜란드에서 추방되자 가장 큰 고객을 잃었다. 그 때문에 새로운 고객을 찾아 나서야 했다.

새로운 고객은 새로 독립한 네덜란드에서 이런저런 사업으로 경제적 형편이 급속히 개선된 중산층이었다. 암스테르담을 비롯한 여러 도시에서 무시하지 못할 존재로 부상한 사람들이었다. 이들은 예전보다 넓어진 자신들의 주택 벽면을 상류층처럼 그림으로 장식하길 원했다. 단, 신화적 주제나 이상화된 인물 초상화는 원치 않았다. 그들은 자기들 생긴 그대로의 얼굴, 집 안에 앉아 있는 모습, 물을 따르거나 편지를 읽는 등 평범한 일상의 모습들을 선호했다. 아니면 밥상에 얹어놓은 풍성한 먹거리, 진기한 도구, 다양한 악기 등 아예 사람은 하나도 안 나오는 그림들도 좋아했다. 이들은 자신이 사는 도시의 모습도 그림에 담아주기를 원했다. 친숙한 골목, 자주 보는 공공건물들은 모두 그대로 정확하고 사실적이어야 했다.

화가들은 새로운 고객의 입맛에 맞춘 그림을 최소 비용으로 최대한 신속히 제작해 구매자가 받아들일 만한 적정 가격에 팔았다. 그림은 화폭의 크기와 그림의 정교함의 정도에 따라 가격이 정해졌다. 그리는 데 시간이 많이 투여된 정도에 비례한 가격이었다. '남들과 비슷한 그림을 비슷한 시간에 그렸지만 나는 천재이니 천재에게 합당한 큰돈을 달라!' 이렇게 주장하는 화가가 간혹 있다고 해도, 구매자가 그 수준으로 돈을 지불할 가능성은 많지 않았다. 애초에 그런 주장을 하는 것이 쉽지 않은 구도였다. 화가들은 길드(동업자 조합)에 들어가야 그림을 팔 수 있었다. 나 홀로 나의 천재성을 인정받는 장사를 해본다? 사실상 불가능한 일이었다.

17세기 네덜란드 도시들에서 길드는 시장경제의 거의 모든 영역에서 공급자들의 이익을 보호하고 시장가격을 조정하는 역할을 했다. 길드는 중세 유럽 도시들의 유물, 가톨릭교회 또한 중세의 유물이었다. 네덜란드는 전자는 적극 계승하고 후자는 말끔히 폐기했다.

길드는 해당 도시의 길드 회원들만이 시장에 납품할 수 있게 함으로써 타 도시 업자들을 배제하고자 결성된 조직이었다.

네덜란드의 가장 큰 도시인 암스테르담에서는 17세기를 거치며 25개의 새로운 길드들이 등장했다. 1700년 시점에 그 수는 1600년에 비해 두 배로 증가했다. 네덜란드 공화국 전체로 쳐도 마찬가지였다. 1600년에 모든 도시들의 길드 수를 합치면 약 650개였으나 1700년에는 1,100개 이상이었다. 길드의 특권은 도시의 자치정부가 보장해주었고, 그 자치정부에는 길드 대표들이 들어가 있었다. 이렇게 탄탄한 정경유착은 길드들이 시장을 완전히 통제하지는 못해도 각 도시의 시장지배권을 유지하는 데는 적지 않게 기여했다.

화가들이라고 해서 시장을 외면한 채 각자 알아서 생존하며 고독한 창작의 길을 갈 수는 없었다. 도시의 규모가 작을수록 해당 도시의 화가 길드들은 타 도시 화가들을 배제하는 데 성공할 확률이 높았다. 델프트Delft의 화가 길드의 시장 점유율은 66퍼센트, 하를럼Haarlem은 무려 79퍼센트에 육박했다. 하를럼 길드는 강력한 시장지배력뿐 아니라 중세부터 내려온 유구한 역사를 자랑했다. 길드의 이름은 화가들의 수호성인 성 루가(누가복음의 저자)의 이름을 딴 '성 루가 길드'였는데, 이들은 성 루가의 뼈도 한 조각 소유하고 있다고 주장했다.

유서 깊은 하를럼의 모델을 벤치마킹한 다른 도시 화가들은 17세기에 들어와 경쟁적으로 길드를 결성했다. 로테르담Rotterdam은 1609년, 델프트는 1611년, 레이든Leiden은 1615년. 암스테르담 길드는 일찍이 1579년에 출범했으나 도시가 커서 그림 시장을 길드가 완벽히 통제하기는 쉽지 않았다. 어느 도시이건 화가들의 길드는 모두 '성 루가 길드'라고 스스로를 칭했지만, 성 루가의 뼈는 갖고 있지 않았다. 더 이상 그런 것이 문제가 될 분위기도 아니었다. 종교개혁 이후로 모든 이가 섬기는 대상은 성인의 뼈가 아니라 돈이었으니.

각 도시의 화가 길드는 타 도시 화가들을 배제할뿐더러 그림 생산의 효율성을 극대화했다. 중세 유럽의 다양한 업종별 길드들처럼 근대 네덜란드의 화가 길드는 '도제'들을 훈련시키는 교육의 기능을 수행했다. 도제들은 그림 제작에 투입됐다. 물론 이들의 노동은 전혀 금전적 보상을 해주지 않아도 됐다. 아울러 길드는 생산자 조합이었기에 협업을 가능케 해주었다. 화가는 각자의 장기를 특화해서 가장 잘 그리는 그림을 가장 빨리 그리는 쪽으로 전문성을 발전시켰다. 건물 전문가, 풍경화 전문가, 초상화 전문가, 바다 그림 전문가, 실내 일상생활 그림 전문가, 도시 그림 전문가. 길드 회원들은 도움이 필요할 경우 수당을 주고 다른 화가를 불렀다. 인물화 전문 화가가 배경에 강아지나 고양이를 넣어달라고 고객이 요청하면, 그 방면 전문 화가를 작업장으로 부르는 식이었다.

미술 시장이 네덜란드에서 가장 큰 암스테르담에서 길드 회원들은 특히 협업에 적극적이었다. 아드리엔 반 드 벨트Adriaen van de Velde는 동물과 풍경 전문화가였고, 그의 부친과 형 빌렘Willem은 바다 그림 전공, 에글론 반 데르 네르Eglon van der Neer는 우아한 상류층 초상화 전문이었다. 반 데르 헤이든van der Heyden은 도시 그림 화가, 렘브란트Rembrandt의 영역은 역사 그림이었다. 반 드 벨트는 렘브란트나

반 데르 헤이든, 반 드 벨트, <담과 담락>, 1663년

반 데르 네르 등 다른 화가들의 그림에 동물을 그려주었다. 그뿐 아니었다. 도시 건물 전문인 반 데르 헤이든이 건물을 그리면, 도시 길거리에 들어갈 인물들은 반 드 벨트가 그렸다. 이 둘의 솜씨가 절묘하게 결합한 작품이 암스테르담 도시 풍경화인 〈담과 담락〉이다. 시장 논리에 예술이 슬기롭게 적응해 생산해낸 걸작이다.

오늘날 암스테르담의 담 광장을 배경으로 사진을 찍는 숱한 방문객들 곁에서, 반 데르 헤이든과 반 드 벨트가 이곳을 함께 그린 명작을 겹쳐보는 것은 이 아름다운 도시를 즐기는 특별한 비법이다.

07 18~19세기 | 런던 럿게이트 힐과 서더크

누군가 대신 빚을 갚을 때까지 채무자를 감옥에 가두라

런던 럿게이트 힐

감옥 운영도 결국 영리가 목적인 비즈니스.
빌린 돈을 갚지 못해 감옥에 갇힌 사람들이지만
돈이 있어야 사람대접 받기는 그 안에서도 마찬가지였다.

'근대 서구 도시는 시장을 토대로 형성됐고, 그 자체가 하나의 거대한 시장이다.'

숱한 사회학자들이 조상으로 섬기는 막스 베버Max Weber의 명제다. 시장은 돈을 주고받는 관계로 엮여 있다. 돈이란 순조롭게 오고 가기도 하지만, 돈 줘야 할 때나 돈 써야 할 때 돈이 없는, 따라서 돈 받을 사람이 돈을 못 받는 경우도 늘 있기 마련이다. 그때마다 발생하는 채무와 채권은 도시 경제에 거미줄처럼 복잡하고 정교하게 얽혀있다. 기어코 돈을 갚지 않은 자들을 어떻게 할 것인가? 시장경제가 일찍이 발전한 영국의 중심 도시 런던에서는 이 물음에 대한 다소 특이한 답을 제시했다. '채무자를 감옥에 가둔다, 빚을 갚을 때까지.'

영국 법에서 약속한 시간에도 빚을 갚지 않은 채무자에게 대응하는 방식으로는 소환장을 발부받아 채무자의 물품을 차압하거나 채무자를 구속하는 것, 두 가지가 있었다. 구속은 원래 왕의 평화, 즉 국가 질서를 어지럽힌 자에게만 해당되는 조치였으나, 시장경제가 발전하며 채무 불이행 사건들이 늘어나자 개인과 개인 사이의 채무 상환을 이행하지 않는 자도 구속할 수 있게 의회가 법을 제정했다.

채무자가 빚을 갚게 하려면, 공사판에서 노동이라도 해서 돈을 벌게 해야지, 감방에 들어앉아 무위도식하고 있게 놓아두면 되겠나?

그 말도 일리가 있지만, 옥에 갇힌 채무자를 가련히 여긴 가족이나 친지가 대신 빚을 갚아주게 하려는 '인질'로 채무자를 잡아두는 것도 확실한 방법이라고 채권자들은 믿었다. 이러한 믿음이 채무자 구속을 합당하게 여기는 법 감정을 지탱했다. 법의 취지가 합리적이건 아니건, 옥살이하는 채무자의 수는 시장경제가 날로 팽창하던 18세기 영국에서 늘어만 갔다.

18세기에서 19세기 전반부까지, 매년 채무 불이행으로 구금되는 인원은 1만 명 가까이 됐다. 구금 후 얼마 안 돼 빚을 갚고 풀려나는 사람이 대부분이었으나 계속 감옥에 있는 인원도 적지 않았다. 1774년 기준, 영국 전체 수감자 인구는 4,000명. 이 중에서 채무자는 전체의 반을 차지했다. 사람이 가장 많이 사는 런던에는 죄수도 가장 많았다. 1779년 런던에는 약 1,500명이 옥살이를 하고 있었다. 이 중 채무자는 전체의 반을 훌쩍 넘는 945명이었다.

채무자들이 진 빚은 소시민의 한 달 치 생활비 정도의 액수에서부터 런던의 가장 비싼 동네 저택을 몇 채 살 수 있을 만큼의 거액까지 천차만별이었다. 이들의 채무자 감옥 생활도 능력에 따라 현저히 차이가 났다. 근대 이전 시대는 물론이요, 근대사회로 변하던 18세기와 산업화가 시작된 19세기 초까지, 런던 및 기타 영국 도시의 감옥들은 사실상 유료 숙소나 마찬가지였다. 국가는 감옥의 관리 및 경영을 개인 사업자에게 위탁했다. 감옥 운영도 다른 사업과 마찬가지로 영리가 목적인 비즈니스였기에 운영자들은 시설의 청결이나 수감자의 위생보다는 자신의 이득을 챙기는 데 더 관심이 많았다.

돈이 있어야 사람대접을 받는 것은 감옥 밖이나 안이나 마찬가지였다. 죄수들이 방 값, 침대 등 가구 사용료, 밥 값, 옷 값, 술값을 낼 수 있으면 그런대로 지낼 만한 환경을 확보할 수 있었다. 방을 몇 개 더 빌리면 가족들도 와서 같이 지낼 수 있었다. 런던의 마셜시 Marshalsea 감옥에는 아예 구멍가게와 식당까지 구비되어 있었다. 관리자 부인이 운영하는 선술집도 있었다. 빚 갚을 돈을 채무자가 감옥에서 쓰며 나름 편안히 지내고 있는 것을 채권자도 모를 리 없었으나, 채무자의 도주를 막는 효과는 있었기에 이를 묵인했다.

하지만 채무자 감옥에 갇힌 이들 중에는 입에 풀칠할 푼돈조차 없는 채무자들도 많았다. 18세기 말에 의회가 법을 제정해 채권이 40실링 이하 소액이면 채무자 투옥을 면해주도록 하고, 19세기 초에는 구속요건 채권 하한선을 20파운드까지 올렸으나, 여기에 변호사 비용을 얹으면 변호사에게도 빚을 지기에 채권 총액은 하한선을 쉽게 넘었다. 또한 의회가 제정한 법이 어떠하건, 법원의 판사들은 채권 청구라는 정당한 권리를 행사하는 원고가 바라지 않는 한, 채무자를 풀어줄 수 없다고 판결했다. 개인에게 진 빚은 갚았어도 소송 등 법정비용을 못 갚아서 형무소에 계속 갇혀 있는 이들도 적지 않았다.

채권자와 변호사에게 마지막 한 푼까지 다 털린 가련한 채무자들은 열악한 지하 감방에서 공동생활을 했다. 가난한 채무자들의 식사비용은 예수 그리스도의 이웃 사랑을 실천하려는 자선단체와 독지가들이 대주었다. 물론 그 돈이 고스란히 이 가련한 죄수들에게 간 것은 아니다. 관리자의 눈에는 기부금도 또 하나의 수입이었기에 본인 몫을 먼저 챙기는 걸 잊지 않았다.

런던의 감옥에 갇힌 채무자들의 형편은 서비스 구매력에 따라 달랐을 뿐 아니라, 채무자 감옥 간에도 서비스에 차이가 있었다. 플리트Fleet 형무소에서는 돈만 적당히 지불하면, 감옥 밖의 지정한 거처에서 안락한 생활을 할 수도 있었다. 런던 시내에 있던 플리트 형무소에서는 결혼식을 올리고 그 안에서 살림을 차리기도 했다. 상류층 채무자들은 당연히 플리트를 선호했다.

템스 강 남쪽 서더크Southwark는 템스 강 북쪽 런던이나 웨스트민스터에 비해 낙후한 변두리라서 이곳에 자리 잡은 킹스벤치King's Bench나 마셜시는 플리트에 비해 시설이나 서비스가 열악했다. 18세기에 마셜시의 고급 감방은 총 50개, 각 방마다 일주일 임대료는 50실링이었다. 이 방들을 임차할 능력이 없는 나머지 인원 약 300명을 관리자는 아홉 개의 좁은 방에 적당히 배분했다. 이들은 낮에는 형무소 뜰에 나와서 시간을 보낸다 해도 밤에는 수십 명씩 한 방에 갇혀 새우잠을 자야 했다.

수백 년 동안 런던의 채무자들이 갇혀 있던 플리트, 마셜시, 킹스벤치 형무소는 각기 1846년, 1842년, 1880년에 폐쇄됐다. 형무소 건물들은 철거되거나 다른 용도로 재활용됐다. 개인파산을 인정하는 법안이 시행되는 환경과, 급속히 팽창하는 런던의 재개발 재건축 수요를 감안한 조치들이었다. 19세기에 사라진 이들 형무소의 역사는 사뭇 유구했다. 플리트는 12세기, 마셜시는 14세기, 킹스벤치는 15세기에 각각 세워졌는데, 전 세계를 지배하는 제국의 수도 런던에서

<킹스벤치 교도소>, 1809년

급속히 빨라지고 엄청나게 불어나는 돈의 물살은 돈 안 갚은 죄인들을 잡아두던 이 시설들마저 휩쓸어버렸다.

오늘날 마셜시는 19세기에 재건축한 건물의 벽 일부만 남아 있다. 거기에 이 장소의 내력을 알리는 간략한 동판이 붙어 있다. 플리트 형무소를 헐은 자리에는 1865년에 철로를 깔고 그 위에 럿게이트 힐Ludgate Hill 역사를 지었다. 킹스벤치가 서 있던 자리는 분주한 간선 도로 옆. 볼품없는 공공임대 주택 단지가 들어서 있다. 마셜시와 플리트, 킹스벤치 형무소에 갇혀 있던 채무자들의 한탄과 한숨 소리들이 이 터들에 행여나 남아 있다 한들, 도시를 장악한 요란한 전철과 자동차 소리에 눌려 들릴 리 만무하다.

CODE 5

불

01 14~15·20세기 | 프라하 베틀렘스카 예배당

순교자 후스의 이름으로 도시를 불태워라

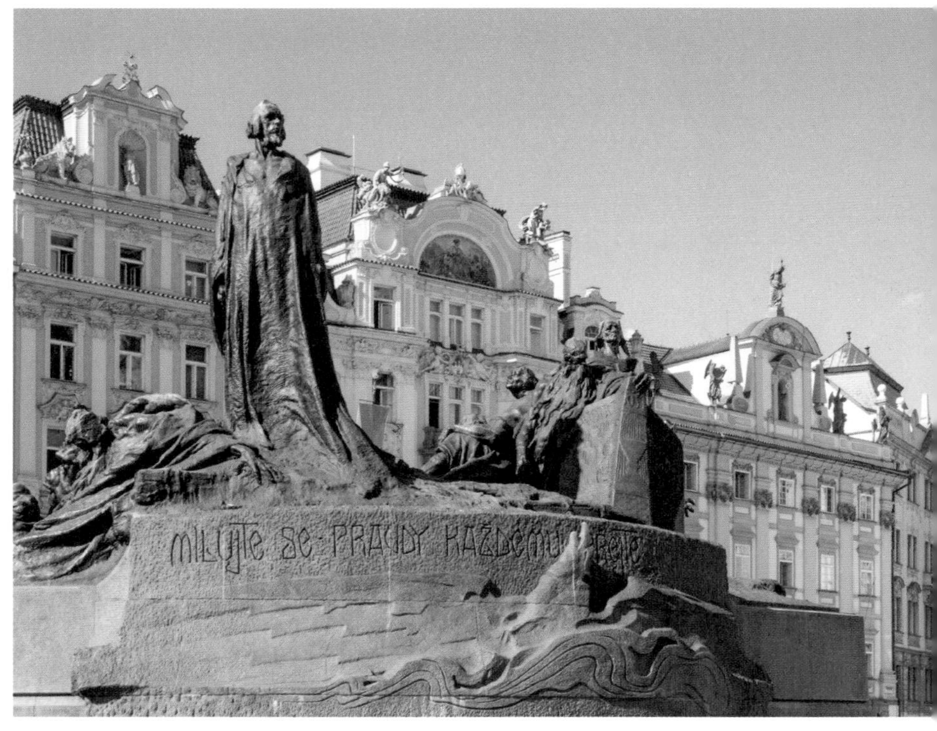

스타레 메스토 광장에 세워진 얀 후스의 조각상

오늘날 프라하에서 중세의 자취는 거의 찾기 어렵다.
교회 권력에 맞서다 화형당한 후스의 이름으로
후스주의자들이 옛 프라하를 불태워버렸기 때문이다.

번잡한 도시에 함부로 대학을 세울 일은 아니다. 한편에는 과시와 사치, 다른 한편에는 빈곤과 결핍. 청년 학도들은 도시의 모순을 근거리에서 관찰한다. 그들 중 대부분은 도시의 쾌락을 흠모한다. 그러나 일부는 불의한 사회를 바꿔놓고 말겠다고 다짐한다.

지금도 아름답지만 중세 때부터 아리따운 자태를 뽐내던 보헤미아의 진주 프라하. 보헤미아는 물론 유럽 사방에서 몰려든 온갖 사람들로 북적이는 이 도시에 카를 황제(물 6장 참조)는 1347년, 카렐 대학교 설립을 인가해주었다. 재학생 중 상당수는 서민층 출신이었다. 앞날이 보장된 귀족이나 상류층은 굳이 대학에 갈 필요가 없었다. 학생들은 지역에 따라 네 개의 '민족'인 보헤미아, 작센, 바이에른, 폴란드 출신으로 나뉘어 교육받았다. 학생들을 '민족'으로 나눈 것은 프라하보다 100년에서 200년 먼저 생긴 볼로냐(돌 3장 참조)나 파리 대학의 모델을 따른 것이다. 모든 교육이 라틴어로 이루어졌기에 타국에서 온 학생들에게 언어의 장벽은 문제되지 않았다.

대학생들의 졸업 후 가장 확실한 고용주는 로마 가톨릭 교회였다. 가난한 집안 출신 청년들에게는 특히 그러했다. 사제가 되면 평생직장을 얻는 셈이었다. 그러나 교회에서 일자리를 얻으려는 졸업생의 수는 늘 좋은 일자리보다 넘쳐났다. 가문이 좋거나 연줄이 닿는 성직자들은 한 사람이 알짜배기 자리를 몇 개씩 차지했다. 그 결과 비정규직 일자리를 전전하는 사제들이 수두룩했다. 이들 중에는 예리한 지성의 소유자들도 있었는데, 이들은 비대하고 불공정한 교회조직과 그런 교회가 축복해주는 불의한 세상에 불만을 품을 수밖에 없었다.

타락한 세상을 바로잡겠다는 열정은 카렐 대학교의 '보헤미아 민족' 학생들 사이에서 유독 뜨겁게 타올랐다. 독일이나 폴란드 등 타 지역에서 온 학생들은 공부를 마치고 고국으로 돌아가면 그만이었으나, 이들은 보헤미아에서 평생 살 궁리를 해야 했다. 프라하의 상류층은 독일계 상인들(물 6장 참조)이었고, 교회의 주교를 비롯한 지도층도 독일어권이나 이탈리아 반도 출신이 많았다. '보헤미아 민족' 학생들의 개혁에 대한 열망은 프라하 인구의 다수를 차지하는 체코인 서민들의 정서와도 쉽게 연계됐다.

카렐 대학교의 '보헤미아 민족' 졸업생인 얀 후스Jan Hus(1372?~1415). 그는 가난한 농부 집안 출신이나, 성실히 학업에 매진해 1401년에 모교의 정식 교수가 된다. 체코인으로서는 쉽지 않은 일이었다. 후스는 평일에는 학생들을 가르치고, 일요일에는 개혁적 성향의 체코인 상인들이 세운 베틀렘스카 예배당Betlémská kaple에서 설교했다. 그것도 라틴어가 아닌 체코어로.

오늘날 원래 모습대로 복원된 베틀렘스카 예배당에 들어가 보면, 성화, 성상, 제단 등이 전혀 없어 예배당이라기보다는 소박한 강당 같은 느낌이 든다. 이곳에서 후스는 교회의 타락을 질타하고, 신도

알폰스 무하, <베틀렘스카 예배당에서 설교하는 얀 후스>, 1916년

들에게 복음서에 나오는 그리스도의 검소한 삶을 살라고 독려했다. 후스의 설교는 기성 체제를 혐오하는 프라하의 체코인 서민 사이에서 폭발적인 인기를 누렸다.

후스의 카리스마와 영향력이 마침내 로마의 교황도 우려할 만한 수준에 이르자, 후스는 독일 콘스탄츠Konstanz로 소환당했다. 교황을 대신해 콘스탄츠 주교 등 교회 권력자들은 후스에게 불경스런 견해들을 공식적으로 철회하라고 요구했다. 그것은 후스의 양심이 절대로 허용할 수 없는 일이었다. 1415년에 이단으로 몰린 후스는 결국 활활 타오르는 불길 속에서 한줌의 재로 변했다.

이 소식을 접한 프라하의 베틀렘스카 예배당 신도들뿐 아니라 체코인 시민들은 극도로 분노했다. 1419년 7월 30일 일요일, 분노는 폭력으로 분출됐다. 이날 체코인들 거주지 노베 메스토Nové Mesto(신시가지)에서 군중은 성당으로 쳐들어가 미사를 훼방한 데 이어서 노베 메스토 시청으로 진입해 시 정부 대표들을 살해했다. 8월부터 9월까지 반란세력은 노베 메스토의 수도원과 교회들을 닥치는 대로 약탈하고 불태운 뒤, 11월에는 스타레 메스토(구시가지)도 장악했다.

신성로마 제국 황제의 포병들은 군중 반란을 진압하기 위해 카를교 북쪽 프라하 성에서 강 건너 도시를 향해 대포를 쏘았다. 당시 프라하 성 안에는 블타바 강 건너 도시로 진격할 만큼의 병력은 없었으나 포탄은 넉넉했다. 한편, 성의 대포에 마땅히 맞설 힘이 없는 반란세력 내의 급진파들은 1420년 봄, 프라하의 수도원과 수녀원들을 불태워버리는 것으로 분풀이를 했다.

1421년에는 마침내 프라하 성까지 함락됐다. 이때 성도 시내의 수도원들처럼 화염에 휩싸일 위험에 처했으나 반란세력 중 온건파가 적극 만류했다. 온건파는 주로 스타레 메스토의 상인들로, 손익계산이 분명한 상인들은 신중할 수밖에 없었다. 급진파는 주로 노베 메스토의 서민들이었고, 그들은 가진 게 별로 없어서 잃을 것도 별로 없었다. 이 두 세력은 이 문제 외에도 사사건건 대립했으며, 양측의 갈등은 극으로 치달았다.

온건파는 1422년 3월에 급진파 지도자들을 스타레 메스토로 유인하여 살해했다. 그리고 5월에는 황제의 군대와 손잡고 급진파를 와해했다. 후스주의자들은 보헤미아 사방에서 들고 일어났고 내전은 여러 해 계속됐으나, 프라하는 이때 이후로 어느 정도 안정을 되찾았다.

화형당한 후스의 이름으로 도시를 불태운 후스주의 급진파들은 세상을 개혁하는 데는 실패했으나, 중세 프라하의 자취를 거의 지워버리는 데는 성공했다. 후스 전쟁부터 시작해서 종교개혁과 30년전쟁까지, 거의 200년에 걸쳐 이어진 종교와 정치가 맞물린 분쟁 끝에 프라하는 가톨릭 합스부르크 제국의 가톨릭 도시로서 그 정체성이 확정된다. 오늘날 프라하에서 만나볼 수 있는 단아한 성당, 수도원, 기타 공공건물의 상당수는 합스부르크 왕실과 가톨릭교회가 17세기 이후로 다시 세운 건물들이다. 후스주의자들이 옛 프라하를 사정없이 불태워버린 덕에 낡은 건물 철거비용은 별로 들지 않았다.

프라하가 다시 후스를 공식적으로 추모한 것은 제1차 세계대전 기간인 1915년이다. 스타레 메스토 광장 한가운데 후스와 그의 추종자들을 기념하는 모더니즘 조형물이 세워졌다. 후스가 설교했던 베틀렘스카 예배당은 프라하가 소련의 훈수를 받는 공산주의 국가의 수도가 된 후, 1950년에서 1952년 사이에 복원됐다. 스타레 메스토 광장의 후스 기념 조각은 늘 지나가는 행인의 눈길을 받고 서 있다. 반면에 베틀렘스카 예배당에 들러 700년 전 후스가 열정적으로 설교하던 광경을 상상해보는 프라하 시민이나 방문객은 별로 많지 않다.

02 15세기 | 피렌체 시뇨리아 광장

세속의 허영을 모두 불태워도 예술은 계속된다

피렌체 시뇨리아 광장

"광장을 오고 가는 만인이 볼 수 있게 합시다!"
미켈란젤로의 완벽한 다비드상이 세워진 시뇨리아 광장은
타락과 허영을 비판하던 사보나롤라가 화형당한 장소다.

미켈란젤로가 처음 로마에 진출한 것은 1496년. 그는 피렌체의 실질적 지배자인 메디치 가문의 후원을 받던 21세의 청년 조각가였다(물 7장 참조). 당시 피렌체는 메디치 가문의 권력 독점과 도시에 팽배한 사치를 질타하는 지롤라모 사보나롤라Girolamo Savonarola(1452~1498)의 지도 아래 의롭고 검소한 공화국 피렌체로 잠시 바뀌어 있었다. 산마르코 수도원(돈 2장 참조) 수사였던 사보나롤라는 총과 칼이 아닌 불같은 설교로 피렌체에 넘쳐나는 죄인들의 양심을 사정없이 후벼 팠다.

사보나롤라의 질타 앞에 모든 이가 고개를 숙이던 1494년, 메디치 가문은 피렌체에서 추방당한다. 메디치 가문이 자리를 비운 피렌체에서 미켈란젤로는 할 일이 별로 없었다. 그는 로마 교황청에서 새로운 작품 활동을 할 기회를 제공하자 기꺼이 고향을 떠난다. 해가 바뀔수록 사보나롤라의 권위는 더욱더 견고해진다. 미켈란젤로가 로마로 떠난 다음 해인 1497년, 피렌체 시민들은 애지중지하던 온갖 물품들, 화장품, 장신구, 책, 그림, 조각을 가지고 나와 광장에서 불태우는 행사를 벌인다. 이름 하여 '허영의 소각Falò delle vanità'. 다행히 미켈란젤로는 피렌체를 떠나 있었기에 화가들의 소중한 작품이 '허영'을 부추긴 죄로 화형당하는 꼴은 보지 않을 수 있었다.

미켈란젤로를 맞이한 로마의 통치자는 교황 알렉산데르Alexander 6세. 스페인 출신으로 본명은 '로드리고 데 보르자Rodrigo de Borja'다. 그의 타락상은 사보나롤라는 물론이요 많은 이들을 진노하게 만들기 충분했다. 교황은 사제로서 독신이 의무임에도 자식들을 낳아서 대놓고 총애했다. 온갖 악당 짓을 일삼는 아들 체사레 보르자Cesare Borja를 교황의 영토인 로마냐의 패권자로 앉혔다. 교황 부친을 믿고, 체사레는 경쟁자나 정적을 칼이나 독약을 써서 잔혹하게 제거했다. 그의 아버지 알렉산데르는 사악한 아들을 한없는 부성애로 감쌌다.

이렇듯 부패한 교황 밑이지만, 예술가는 예술 활동을 멈출 수 없었다. 피렌체에서 '허영의 소각' 불길이 치솟던 1497년, 미켈란젤로는 대리석 조각 〈피에타〉를 프랑스인 추기경의 위촉을 받고 조각한다. 사망한 예수의 몸을 안은 채 비탄에 젖어 있는 성모. 이 걸작으로 젊은 조각가는 로마에서 자신의 천재성을 당당히 입증했다.

한편 사보나롤라는 피렌체의 시민들 앞에서 교황 알렉산데르와 그의 자식이 저질러대는 만행과 교회의 타락을 신랄하게 꾸짖는다. 이에 교황은 그에게 설교를 금하는 명령을 내린다. 사보나롤라는 설교자들의 수도회인 도미니코회 수사였기에 교황은 가장 효과적인 제재를 그에게 가한 것이었다. 하지만 사보나롤라는 침묵하지 않았고, 결국 교황은 그를 파문한다. 또한 그를 따르는 피렌체 도시 전체에 미사 정지 명령을 내린다. 아무리 타락한 교황이라도 교황은 교황이었다. 민심은 흔들리기 시작했다. 도미니코회의 영원한 라이벌, 프란체스코회 수사들은 이 틈을 타서 시민들 사이에 의구심을 퍼뜨

렸다. '사보나롤라가 하느님의 선택받은 지도자 맞아? 어떻게 알아?'

사보나롤라의 측근들은 사보나롤라가 불 속을 멀쩡히 걸어 통과하는 기적을 보여주면, 이러한 세간의 의혹을 잠재울 수 있으리라 생각했다. 이 무모한 시도는 실패로 끝난다. 1498년 4월, 광장에 불을 지펴놓고 사보나롤라를 하느님이 구할 것인지 시험해볼 찰나, 그만 비가 쏟아져 불이 꺼진 것이다. 불길 같은 사보나롤라의 설교에 뜨겁게 호응하던 군중은 불길로 본인의 진정성을 입증하려던 시도가 사기극이었다며 사보나롤라에 대한 실망과 분노의 불길에 사로잡힌다.

군중은 산마르코 수도원으로 쳐들어가 사보나롤라를 끌어냈다. 1498년 5월 23일, 사보나롤라와 그의 동료 수사 둘은 교회와 도시를 분열시키고 혼란에 빠뜨린 이단으로 단죄받는다. 세 수사를 피렌체 공화국의 권위를 상징하는 시뇨리아 광장Piazza della Signoria에 지펴놓은 불길이 삼켜버렸다. 사보나롤라는 한 줌 재가 되어 아르노 강물에 뿌려졌다.

1499년, '허영'을 불태워버리려던 예언자가 사라진 피렌체로 미켈란젤로는 복귀했다. 피렌체에서 할 일이 생겼기 때문이다. 피렌체의 가장 중요한 길드에 속하는 '아르테 델라 라나Arte della Lana'(양모 길드)가 그에게 피렌체 대성당 외벽 위쪽에 세울 조각상을 위촉했다. 이들은 구약성서에 나오는 선한 군주 다윗 왕의 모습을 주문했다.

미켈란젤로는 거대한 카라라 대리석을(돈 1장 참조) 통째로 작업실로 가져왔다. 약 3년의 시간이 흐른 후 작품이 공개됐다. 히브리인

시뇨리아 광장에 세워진 다비드상

다윗 왕이 아니라 마치 고대 그리스의 신처럼 완전 나체로 서 있는 젊은 남성, 다비드. 근육과 머리털, 남성 생식기까지 어디 하나 흠 잡을 데 없는 조화는 완벽했고 디테일은 정확했다.

피렌체 공화국은 키가 5미터도 넘는 이 웅장한 조각을 성당 벽에 얹어 두는 것이 합당할지 고민에 빠졌다. 산드로 보티첼리Sandro

Botticelli, 레오나르도 다 빈치 등 예술 분야 최고 전문가들의 의견을 청취한 결과, 시뇨리아 광장에 세우는 쪽으로 의견이 모아졌다. '성당의 높은 벽이 아니라, 평지에서 광장을 오고가는 만인이 이 놀라운 작품을 맘껏 감상할 수 있도록 합시다.' 예술가들은 이렇게 충고했고, 공화국 정부는 이를 받아들였다.

현재 시뇨리아 광장에 서 있는 〈다비드〉 상은 복제품이다. 원본은 1873년부터 아카데미아 미술관Galleria dell'accademia에서 관람객을 맞이한다. 그 이전까지 수백 년 동안 〈다비드〉가 서 있던 시뇨리아 광장은 사보나롤라가 화형당한 장소였다. 시뇨리아 광장 한쪽에, 거기가 사보나롤라와 그의 동료들이 화형당한 곳이라는 간략한 메시지가 바닥에 새겨져 있다. 〈다비드〉가 19세기 말부터 거주하는 아카데미아 미술관은 수사 사보나롤라가 거주하던 산마르코 수도원과 걸어서 3분이면 닿을 가까운 거리이다. 산마르코 수도원에는 사보나롤라가 쓰던 방이 그의 책상과 함께 보존되어 있다.

르네상스 최고의 예술가 미켈란젤로의 〈다비드〉는 관광도시 피렌체의 대표 아이콘으로 굳어져 있다. 르네상스의 세속주의와 전면전을 벌인 사보나롤라, 그는 세속의 허영을 불길에 태우라고 외치다가 불길 속에서 인생을 마감했다. 미켈란젤로의 피렌체가 다시 태어난 고대 그리스 로마 문명의 계승자였다면, 사보나롤라가 꿈꾼 피렌체는 세속의 허영을 불태워버리고 도래한 새 예루살렘이었다.

03 18세기 | 프라하 스타보브스케 극장과 빈 궁정극장

참회하라 돈 조반니,
지옥 불이 너를 기다린다

<돈 조반니>가 초연된 스타보브스케 극장

어떻게든 빈 관객의 입맛을 맞추려 했으나 객석은 냉담했다.
이에 모차르트는 주인공 돈 조반니를 한순간에
지옥불에 내던져버리고 바로 막을 내려버린다.
거드름 피우는 관객에게 저주를 퍼붓기라도 하듯이.

무대 위에 풍성한 식탁이 차려져 있다. 고급 포도주와 정성스레 조리한 고기 요리. 건장한 미남, 주인이 식탁에 앉아 있다. 그의 뒤에서 군침 흘리며 서 있는 시종. 식탁 곁에서 악단이 쾌활한 음악을 연주한다. 주인은 흡족한 표정으로 다음과 같은 가사를 굵은 바리톤으로 노래한다.

> 식탁이 이미 준비됐구나.
> 그대들은 연주하시게, 친애하는 벗들!
> 내 돈을 썼으니
> 나는 즐기길 원해.

그의 이름은 돈 조반니Don Giovanni. 돈 걱정 없는 스페인 귀족. 그러나 그의 취미는 음식이나 음악이 아닌 여자. 그의 노래도 늘 여자 타령이다.

> 여자들 만세!
> 고급 와인 만세!
> 인생을 버텨내고 영광스럽게 해주니.

이 장면까지 오기 전에 관객은 이미 돈 조반니가 어떤 인간인지 충분히 파악했다. 오페라의 막이 열리자마자 조반니는 여염집 규수를 겁탈하려다 실패하고 도주한다. 대범하게도 그는 이 도시 최고의 관료인 기사장Commendatore의 집에 잠입해서 그 딸을 범하려 했다. 여인이 그를 붙잡고 정체를 밝히려 실랑이를 벌이는 사이, 늙은 부친이 나와서 악당에게 칼을 겨눈다. 악당은 노인을 쉽게 제압한다. 악당의 칼을 맞아 쓰러져 노인은 숨을 거둔다. 시민들은 죽은 이의 평생 업적과 인품을 기려 동상을 세운다.

돈 조반니는 나름 성실하다. 시종 레포렐로Leporello의 증언대로, 조반니는 온 유럽을 돌며 숱한 여성을 섹스 파트너로 이용하고 버리는 데 인생을 바쳤다. 신분, 나이, 외모 불문, 다 합치면 수천 명이었다. 스페인에서만 "1,000 더하기 3."

셀 수 없이 많은 성폭행에 덧붙여 살인까지 저지른 조반니가 2막에서 자기 인생의 활력인 '여자'와 '와인'을 예찬하던 도중 갑자기 음악의 분위기가 바뀐다. 그의 저택으로 기사장 동상이 찾아온 것이다. 동상은 뻣뻣한 몸으로 쿵, 쿵, 육중한 발걸음을 떼어 조반니 곁에 선다. 굵직한 베이스로 동상이 노래한다.

> 돈 조반니, 자네가 나를 저녁에 초대했고, 나는 왔네.

돈 조반니는 1막에서 경솔하게도 공원에 서 있는 기사장 동상에게 저녁이나 먹으러 한번 오라며 레포렐로를 시켜 초대했다. 그때

고개를 끄덕거린 동상이 실제로 나타나자 아무리 간이 큰 조반니라도 다소 당황한다. 그러나 워낙 강심장에 철면피라, 조반니는 태연하게 동상에게 식사를 같이 하자고 제안한다. 동상은 식사는 사양하지만 자기도 답례로 식사초대를 할 테니 와주겠느냐고 묻는다. 레포렐로가 만류했지만, 조반니는 가겠다고 한다. 동상은 조반니에게 약속을 확인하는 악수를 청한다. 동상에게 손을 건넨 돈 조반니, 동상은 그의 손을 잡고 놓아주지 않는다. 그리고 외친다.

> 참회하라, 삶을 바꾸라,
> 이것이 마지막 순간이니!

돈 조반니는 동상의 차디찬 손에서 벗어나려 몸을 비틀며 응수한다.

> 싫다, 싫어. 나는 참회하지 않아.
> 내게서 멀리 가버려!

동상의 "참회하라!"와 돈 조반니의 "싫다!"가 반복되다가 마침내 동상은 "시간이 더는 없구나!"라며 사내의 손을 놔주고 돌아선다.

바로 그 순간, 여기저기 바닥에서 불꽃이 솟아오른다. 진동하는 땅. 사내의 몸은 땅 아래로 빨려 들어가기 시작한다. 지옥문이 열린 것이다. 밑에서 훨훨 타오르는 지옥 불이 돈 조반니를 산 채로 삼키려 입을 딱 벌리고 기다린다.

이 장면이 클라이맥스인 오페라 〈돈 조반니〉를 모차르트Wolfang Amadeus Mozart(1756~1791)는 1787년에 프라하에서 처음 선보였다. 프라하 관객들은 〈돈 조반니〉에 열광했다. 공연은 대성공이었다. 프라하에서 〈돈 조반니〉는 주인공이 지옥으로 직행하는 장면에서 막을 내리지 않았다. 모차르트는 기사장의 딸을 비롯한 나머지 남녀 인물들이 모여 악당이 사라진 세상에서 새로운 삶을 노래하는 밝은 피날레로 오페라를 마무리했다.

그로부터 1년 후인 1788년, 모차르트는 여러 해째 생활하며 연주자이자 작곡가로 맹활약하던 빈Wien에서 〈돈 조반니〉를 프라하 초연 버전으로 무대에 올렸다. 하지만 프라하와 달리 빈 관객의 분위기는 차가웠다. 이에 새로운 아리아도 만들어넣는 등 객석의 비위를 맞추려 시도했다. 그러나 여전히 객석은 냉담하기만 했다. 결국 작곡가는 마지막 해피엔딩을 없애버렸다. 이렇게 해서 빈 버전 〈돈 조반니〉는 지옥불이 돈 조반니를 삼켜버리는 장면으로 끝난다.

〈돈 조반니〉는 대본으로나 음악으로나 이제껏 오페라 관객들이 전혀 보지 못했던 새로운 작품이었다. 돈 조반니, 레포렐로, 기사장 등 주요 인물들이 모두 낮은 음역의 베이스 바리톤이다. 모차르트는 고음의 테너가 주역이고, 낮은 바리톤은 조역이라는 기존의 공식을 파괴했다. 게다가 오페라는 딱 2막으로만 구성된다. 당시 오페라는 최소 3막으로 이어지다 해피엔딩으로 끝나는 게 관례였다. 그런데 〈돈 조반니〉의 빈 버전은 2막에서 한참 신나게 디너를 즐기던 주인공이 갑자기 지옥 불에 내던져지는 것으로 끝난다.

에스테이트 극장 앞 일코멘다토레(기사장) 동상

이런 특이한 음악 드라마는 빈보다는 프라하의 분위기에 더 잘 맞았다. 프라하는 오랜 역사를 거치며 체코인, 독일인, 이탈리아인, 유태인의 다양한 문화와 기질이 언어적·인종적으로 뒤섞여 있는 혼종의 도시였다(물 6장, 피 5장 참조). 〈돈 조반니〉가 초연된 '스타보브스케 극장Stavovské divadlo'(에스테이트 극장)은 1783년에 새로 문을 연 공연장으로, 프라하에 세워진 첫 오페라 극장이었다. 18세기 원형이 잘 보전된 모습으로 이 극장은 오늘날 프라하에서도 그 고운 자태를 과시

에스테이트 극장(스타보브스케 극장) 내부

한다.

반면에 빈은 모든 점에서 달랐다. 모차르트 시대까지만 해도 빈은 황실과 궁정의 귀족대신, 관료들을 위한 도시였다. 황제의 궁 호프부르크Hofburg와 관공서가 도시 면적의 상당 부분을 차지했다. 남은 땅에 슈테판 대성당Stefansdom 주변으로 오밀조밀 시민들이 모여 살았다. 빈의 오페라 극장의 이름도 '부르크테아터Burgtheater'(궁정극장). 여황제 마리아 테레지아Maria Theresia가 1741년에 지었다. 그러니 이 극장에서 수십 년째 주로 이탈리아 작곡가들의 오페라를 점잖게 즐겨온 빈 상류사회가 오페라의 규범을 온통 뒤흔들어 놓은 〈돈 조반니〉를 탐탁지 않게 여긴 것은 당연하다.

빈 관객의 성향을 잘 알면서도 자신의 파격적인 작품을 이들에게 제시한 모차르트. 그는 빈 버전 〈돈 조반니〉에서 돈 조반니를 지옥 불로 내던져 급작스런 파멸로 끝냄으로써 작품의 극적 효과를 높이려 했다. 한편 그것은 거드름 피는 빈 상류층 관객들에 대한 저주이기도 했다.

04 18~19세기 | 런던 블룸스버리

버려지는 석탄재도 벽돌을 만들면 돈이 된다네!

석탄재 벽돌로 지은 건물이 늘어서 있는 블룸스버리

런던의 습기와 추위를 해결하기 위해 석탄이 사용됐고, 석탄재를 재활용한 '먼지 사업'은 전성기를 맞이했다. 콜레라의 공포가 이 장사에 종지부를 찍을 때까지.

근대 유럽 도시들은 고대 지중해 도시들이 별로 고민하지 않아도 됐던 습기와 추위 문제를 반드시 해결해야 했다.

기후가 건조하고 따듯한 지중해 연안에서는 비가 내리는 겨울 몇 달만 빼면 습기와 추위를 걱정 안 해도 됐기에 불은 음식 제조에만 주로 사용됐다. 반면에 여름 몇 달만 빼면 대체로 축축하거나 추운 날씨인 중북부 유럽 도시들에서는 집 안에서 불을 때야 옷도 말리고 몸도 녹일 수 있었다. 최소한의 문명생활을 위해서 집 안 어디에 화로나 난로가 있어야 하는 기후에서 제한된 땅에 많은 사람이 모여 도시를 이루려면, 땔감을 적절한 가격에 제공하는 것은 도시 존립의 필수적인 전제조건이었다.

추운 날이 따듯한 날보다 훨씬 더 많은 북유럽 스칸디나비아나 러시아에는 천연림이 잘 조성되어 있기에, 오랜 세월 동안 시골에서건 도시에서건 나무를 베어 땔감으로 썼다. 영국에도 중세 때까지는 빽빽한 숲들이 제법 많이 남아 있었다. 그러나 영국이 바다로 진출하기 시작하자, 이 숲들은 선박 제조 재료를 제공하느라 급속히 사라졌다. 나무를 대체할 가정용 연료를 찾지 않는 한, 영국은 더 이상 발전을 기대하기 어려웠다.

늘 비가 오락가락 하는 날씨에 무엇으로 집 안을 따듯하고 보송

보송하게 유지할 것인가? 예전부터 가끔씩 사용하던 석탄이 강력한 후보였다. 런던이 근대 시대에 들어와 급속히 발전할 수 있었던 것은 북쪽 탄광 지대에서 석탄을 대규모로 캐내기 시작한 덕분이었다. 자유 시장경제가 정착한 18세기부터 런던의 수많은 집들은 본격적으로 석탄을 사용하기 시작했다. 런던 하늘을 빼곡히 메운 굴뚝들은 석탄을 태운 연기를 쉴 틈 없이 토해냈다. 석탄 연기로 오염된 공기의 뒤처리는 바람에 맡긴다 해도, 한 가지 문제가 여전히 남았다. 석탄재.

런던 인구가 면적 대비 비교적 적정 규모였던 18세기 초까지만 해도, 태우고 남은 재를 비롯한 각종 폐기물 및 대소변 오물은 각 가구가 일몰 후 창밖으로 던져 버리거나 자기 집 문 앞에 갖다 버리면 됐다. 도시 당국은 이 쓰레기들을 밤에 모아서 역시 적당히 도시 외곽 여기저기에 쌓아놓았다. 이것이 런던뿐 아니라 유럽의 대부분 도시들의 오물 처리 방식이었다. 그러나 런던 인구가 18세기 말부터 급속히 늘기 시작하자, 이러한 원시적인 방법으로는 쓰레기 문제를 해결하기가 어려웠다.

이 난국을 어떻게 돌파할 것인가? 수요 공급의 자연법칙이 지배하는 사회에서는 모든 문제를 시장논리로 해결할 수 있다. 석탄재가 수요가 없는 폐기물이라면, 돈을 줘서 치워가도록 해야 한다. 하지만 만약 석탄재에 대한 시장의 수요가 있다면, 돈을 조금만 주거나 아예 돈을 받고 석탄재를 팔 수도 있지 않을까? 시장을 이끄는 '보이지 않는 손'은 이 질문에 '그렇다'라는 답을 주었다.

마침 런던의 석탄재가 폭증하던 시점에 석탄재에 대한 수요가 새롭게 창출됐다. 도시 인근 농가들은 석탄재를 흙에 섞으면 소출이 좋아진다는 것을 발견했다. 운하를 파는 토목업자들도 석탄재를 섞어 제방을 다지는 게 비용이나 효율성 측면에서 유리함을 깨달았다. 그러나 가장 중요한 런던 석탄재 고객은 벽돌 제조 업자들. 날로 늘어가는 런던의 건축 수요에 맞춰 끝없이 집을 지어야 했다. 화려한 석조 공공건물이 아닌 한, 건축 자재는 벽돌을 썼는데, 석탄재를 섞어 벽돌을 만들면 원가도 낮추고 품질도 증진시킬 수 있음을 알게 된 벽돌공장들은 앞다투어 석탄재를 가져갔다.

런던 석탄재를 수거해 필요한 사업체에 돈 받고 파는 장사인, 이른바 '먼지 사업'. 런던 '먼지 사업'의 전성기인 19세기 초에는 시장을 네 개의 메이저 업체가 지배했다. 이들은 쓰레기를 모으고 추리는 작업을 하청업자들에게 위임하고, 그렇게 걸러낸 석탄재를 벽돌 공장에 팔았다.

'먼지'를 모으고 걸러내는 작업은 지극히 단순하지만 건강에 해로운 노동이었다. 그야말로 늘 먼지를 마시고 지내야 하는 이 분야 노동자들의 삶은 매우 열악했다. 19세기 초 런던 하층민들의 생활상을 탐사한 언론인 헨리 메이휴Henry Mayhew는 그가 찾아간 한 사업장의 풍경을 다음과 같이 묘사한다.

> 일꾼은 총 열네 명이었다. 이 중 여섯은 여성으로, 이들은 체로 쓰레기를 걸러내는 일을 했다. 남자 셋은 삽으로 '먼지'를

VIEW OF A DUST-YARD.
[From a Sketch taken on the Spot.]

<먼지 사업장 풍경>, 1861년

퍼서 여성들이 들고 있는 체에 연신 던진다. 감독은 '먼지'를 쓰레기 더미에서 끌어내리는 일을 한다. 나머지 인력은 도시의 쓰레기를 수거해 오는 게 담당 업무였다. 이렇게 걸러낸 '먼지' 중에서 값이 나가는 미세한 석탄재와 농촌으로 갈 석탄재를 구분해서 따로 쌓아놓는다. 폐기물 하치장에는 활기가 넘쳐난다. 한쪽에서는 쓰레기를 가져오고, 한쪽에서는 삽으로 푸고, 한쪽에서는 걸러낸다. 이곳은 다른 하역장과 마찬가지로 런던 외곽에 있기에 근처 농가에서 빠져나온 닭과 돼지들이 새로 도착한 쓰레기 더미에 달려들어 자기들의 입맛에 맞는 먹거리를 찾곤 한다.

쓰레기장 인근 농가의 닭과 돼지들의 행복한 나들이는 이 세상의 모든 행복이 그렇듯이 영원히 지속되지는 않았다. 1832년 대영제국이 다스리던 인도 벵골 땅에서 처음 발병한 콜레라가 제국의 수도 런던에 상륙한다. 런던에서만 6,536명이 콜레라로 목숨을 잃었다. 콜레라의 원인이 오염된 식수라는 사실은 1854년에야 밝혀졌기에 이 병은 원인도 모르는 새로운 재앙이었다. 콜레라에 대한 공포가 온 도시로 퍼지기 시작하자 도시의 폐기물을 돈이 되는 사업 아이템으로 바라보던 시각은 급변했다. '먼지'가 생명을 위협하는 전염병의 원흉으로 의심받기 시작한 것이다. 콜레라에 대한 공포로 런던의 '먼지' 사업은 1830년대에 급속히 쇠퇴했다.

석탄재가 벽돌 제조 공정과정에 기여하던 18세기 말에서 19세기 초에 석탄재를 섞어 단단하고 색감 좋은 벽돌로 지은 런던의 유명 건물들은 블룸스버리Bloomsbury 동네에 잘 보존되어 있다. 베드포드 공작Duke of Bedford 소유지였던 이 지역을 19세기 초에 중산층용 주택가로 개발하며 서로 외벽이 붙어 있는 '테라스 하우스'들을 벽돌로 지어놓고 분양했다. 건물은 각자 주인이 있으나 건축물이 서 있는 대지는 지금도 베드포드 가문 소유다. 시 당국 규제가 아니더라도 땅 주인이 원치 않기에 함부로 건물을 헐고 재건축할 수 없다. 그 덕에 블룸스버리를 거닐면 19세기 초 벽돌로 지은 건물들을 마음껏 감상할 수 있다. 석탄을 태운 재가 다시 벽돌이 되고 그 벽돌은 세월을 견디며 도시의 미관을 지켜주는 이 묘한 인연은 런던의 특이함과 기벽과 잘 어울리는 역사의 단면이다.

05 19세기 | 파리 생라자르 기차역

여인 뒤의 하얀 연기는 어디서 나오는 걸까?

파리 생라자르 기차역

도시인이 불을 사용해온 역사가 19세기에 이르면
획기적이고 동시에 치명적인 전환기를 맞는다.
증기기관 열차가 화물뿐 아니라 사람도 옮기게 된 것이다.

그림의 이름이 〈철도〉이지만, 철로의 흔적을 그림에서 잘 분간해낼 수 없다. 인상파의 대가 에두아르 마네Édouard Manet(1832~1883)가 1870년대 초에 그린 이 작품은 '생라자르 역Gare Saint-Lazare'으로도 불린다. 어떤 이름으로 지칭하건 철로나 기차가 그림의 주인공은 아니다. 화면을 압도하는 것은 남색 옷을 입고 앉아 있는 여인. 머리카락을 길게 어깨 양옆으로 늘어뜨린 채 손에는 책을 펼쳐 들고 있다. 작은 강아지 한 마리가 팔에 기대어 잠들어 있다. 여인 곁에는 어린 여자아이가 등을 돌린 채 아래쪽을 바라보며 서 있다. 아이가 바라보는 쪽에서 하얀 연기가 구름처럼 솟아난다.

〈철도〉라는 제목 덕에 이 연기가 증기기관차에서 뿜어대는 수증기임을 추론할 수 있으나, 그림을 보는 우리의 시선을 사로잡는 것은 모델의 시선이다. 그녀의 눈길은 무슨 메시지를 전하고 있기는 하나 그 뜻을 알아채기가 쉽지 않다. 그녀가 무슨 생각을 하고 있는지, 또 마네가 무슨 생각으로 자신과 연인 사이이기도 했던 모델 빅토린Victorine의 초상화를 라자르 역을 배경으로 그렸는지는 정확히 알 수 없다. 그의 속마음이 어떠했든, 이 그림은 그가 화가로 활동하던 시대에 기차역이 도시의 핵심 시설로 자리 잡았음을 증언한다.

오랜 세월 인간은 도시에서 불과 함께 지내왔다. 일상에서 요리

마네, 〈철도〉, 1873년

와 난방용으로, 대장간 같은 수공업 공장에서는 제조 공정에서 불이 반드시 필요했다. 그러다 그 역사가 19세기에 이르면 획기적인, 또한 그 환경 파괴의 여파를 감안하면 치명적인 전환기를 맞는다. 석탄을 삽으로 화로에 퍼 넣어 시뻘건 불을 키워놓으면, 그 불이 물을 끓이고, 끓는 물의 증기가 철제 바퀴를 돌리는 증기기관 열차. 이 놀라운 기술은 화물을 옮기는 데서 한 걸음 더 나아가 사람을 옮기는 데도 쓰였다. 산업혁명의 본거지인 영국에서 시작되었으나, 상습적인 시민혁명의 나라 프랑스도 열광적으로 철도를 받아들였다.

1790년대에 단두대를 광장에 세워놓고 사람 목을 부지런히 잘라내던 파리(피 6장 참조). 1830년에 한번 더 혁명을 겪은 후 탄생한 것이 '시민 왕' 루이 필리프Louis Philippe의 '7월 왕정Monarchie de juillet'이다. 새 체제는 첫 번째 시민혁명이 내세운 '자유, 평등, 박애'의 이상과는 거리가 멀었으나, 극렬 이상주의와 관계가 소원해진 파리는 돈 벌기 좋은 도시로 순조롭게 발전하고 있었다. "부자 되세요enrichissez-vous." 이 시대의 정신을 잘 표현한 수상 프랑수아 귀조François Guizot의 명언이다. 1848년에 혁명이 한번 더 발발하고 공화정을 거쳐 1852년, 나폴레옹의 조카가 황제로 등극하여 '제2 제정'이 출범하지만, '부자 되기'의 정신은 온갖 정치의 혼란 속에서도 변함없이 사람들의 뇌리 속에 견고히 새겨졌다.

부자가 되려면 부자 편에 서는 게 유리하다. 개천에서 용이 나는 경우도 가끔 있지만, 대개는 용이 용이 되는 것이 '부자 되기' 게임의 실상이다. 철길을 깔고 기차역을 만들어 도시와 도시를 연결하는 사업은 돈이 넉넉한 사람들의 투자 없이는 가능하지 않았다. 부자들은 더 부자가 될 방법을 철도 사업에서 찾았다. 큰돈이 오고 가니 사기와 금융사고도 적지 않았다. 그래도 철도 사업은 날로 팽창했다.

마네의 그림 배경이 되는 기차역은 생라자르 역으로, 1837년 파리 서쪽 약 20킬로미터에 있는 생제르맹 앙 래Saint-Germain-en-Laye까지 운행하는 노선의 역사로 태어났다. 파리 생제르맹 철도회사가 1835년에 국왕의 인가를 받아 출범하여 2년 만에 이루어낸 성과였다. 1837년에 런던 유스턴Euston 역이 세워져 런던 버밍엄 철도회사가 증기기관차로 런던에서 버밍엄까지 약 180킬로미터 철길을 왕래하기 시작한 데 비하면 미미한 규모였다. 파리의 기차역들은 경쟁국 영국 런던에 뒤질세라 연달아 생겨났다. 센 강 오른 편에는 파리 북기차역Gare du Nord(1843), 동기차역Gars de l'Est(1847~1850), 왼편 지역에는 오스테르리츠 역Gare d'Austerlitz(1838~1840), 리용 역Gars de Lyon(1847~1853), 몽파르나스 역Gare Montparnasse(1858~1860)이 들어서며 전국의 철도가 파리로 연결됐다. 이러한 철도 덕에 파리에서 노르망디 해안이나 프랑스 남부 해변으로 휴가를 떠나는 '바캉스'가 생겨났다. 또한 기차를 타고 전국에서 파리로 사람들이 몰려들었다.

마네가 하얀 연기 속에 묻어 놓은 생라자르 기차역은 1837년 첫 개통 당시의 역사는 아니다. 이 역은 1842년에서 1853년 사이에 세 번째로 확장됐다. 원래 생라자르 역에 연결됐던 교외선에 노르망디까지 이어지는 지방 노선을 덧붙이기 위해 역의 위치를 옮기고 건물을 새로 지었다. 마네가 〈철도〉를 그린 1870년대 초 생라자르 역의 연평균 수송 인원은 2,500만 명으로, 파리에서 가장 중요한 역이었다.

이 역에 이름을 남겨준 '생라자르'(성 나사로)는 12세기에 세워진 수도원이었다. 생라자르는 1792년 프랑스 대혁명 때 다른 유서 깊은 수도원들과 마찬가지로 무참히 파괴됐다. 파리 북쪽 생드니 수도원과 파리를 연결하는 중간 길목에 있던 생라자르는 파리 주변 수도원 중에서 가장 넓은 부지를 차지하고 있었다. 파리에서 아직은 멀리 떨어진 위치였던 이 수도원은 수백 년간 나병 환자들을 비롯한 불치병 환자들의 요양원 역할을 했다. 종교전쟁의 홍역을 치른 후 17세기에 다시 정비된 수도원은 질병과 빈곤으로 오갈 데 없는 이들에게는 문이 열려 있는 긍휼의 상징이었다.

18세기에 파리가 확장되자(피 3장 참조), 생라자르 수도원도 파리의 경계선 안으로 들어갔다. 수도원 인근까지 집들이 들어서 있던 1789년, 파리의 혁명 군중은 수도원을 습격했다. 군중은 거기에 거주하던 수도사들을 무참히 죽였다. 그리고 죽이지 않은 수도사들을 모조리 추방한 후, 혁명 정부는 이곳을 감옥으로 개조해서 썼다. 수도원과 그리스도 교회를 혐오하는 혁명 세력은 그리스도 사랑을 실천하던 나병환자 요양원을 혁명의 이념을 거슬린 자들을 가둬두는 형무소로 바꿔놓았다.

혁명의 광기가 수그러든 후에도 생자라르는 회복되지 않았다. 감옥과 병원으로 사용되던 건물들은 1930년대에 모두 헐렸다. 그 터에 있던 건물 중 수도원 성당 하나만 겨우 살아남았다. 사라져버린 수도원은 그 이름을 라자르 수도원으로 연결되던 도로, '뤼 생라자르 rue Saint-Lazare'에만 남겨놓았다. 생라자르 기차역이 이렇게 불리게 된 것은 기차역 앞을 지나가는 '뤼 생라자르' 때문이다.

생라자르 수도원의 비극적 종말을 생라자르 역은 기억하지 않는다. 석탄불로 이글거리는 보일러를 뱃속에 넣고 있는 생라자르 역의 증기기관차들은 중세 수도원의 역사 따위는 대수롭지 않게 한 발로 걷어차고, 앞으로 달릴 차비를 한다. 마네의 〈철도〉는 속에 불을 품은 이 증기기관차들을 아리따운 여인 뒤의 하얀 연기로 덮어버렸다.

06 20세기 | 드레스덴 성모교회

폭격기에서 내려다보면 도시의 참혹함은 보이지 않는다

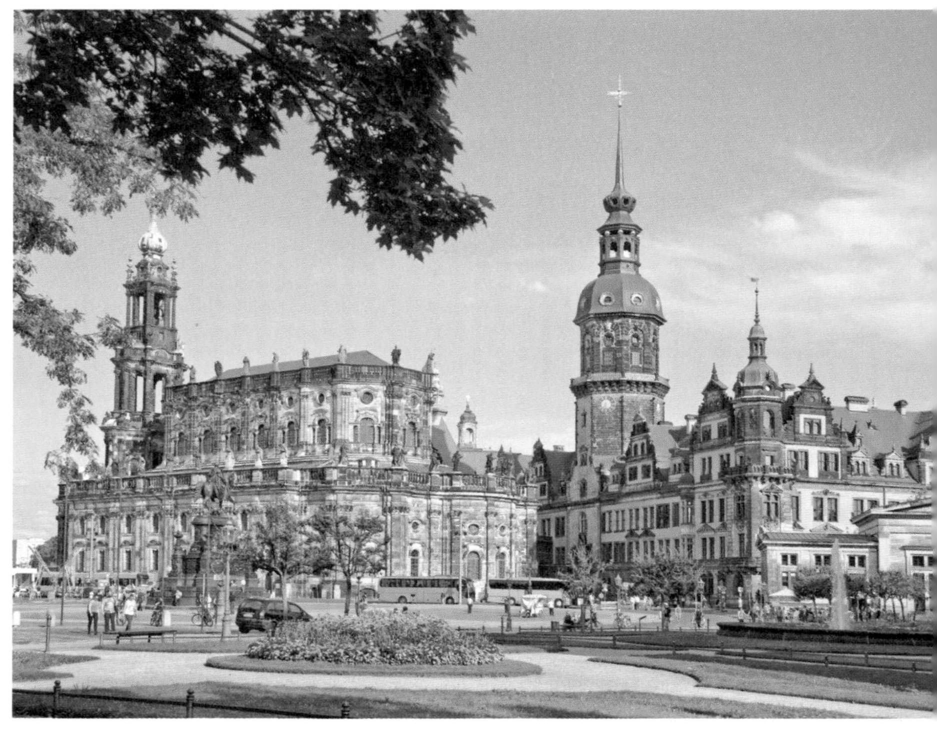

드레스덴 성

200년 넘는 세월동안 드레스덴 시민의 사랑을 받던
성모교회는 견고한 돌로 지어져 긴 세월을 견뎠으나
1945년 하늘에서 떨어지는 폭탄 세례에 무너지고 말았다.

인간이 하늘에 높이 떠서 저 아래 손바닥만 한 땅에 개미들처럼 우글거리는 인간들을 내려다보는 체험은 1780년대에 등장한 비행선이 최초로 가능케 해주었다. 그때까지 인간이 도시를 한눈에 보려면 도시 곁 언덕이나 도시 안의 높은 건물로 올라가야 했다. 그런 위치에서 도시의 경치를 넉넉히 한눈에 집어넣을 수는 있었어도, 도시의 정수리를 바로 위에서 내려다보는 것은 불가능했다.

19세기에 진화에 진화를 거듭한 비행선은 유람과 관광용으로 사용됐다. 제1차 세계대전이 발발하자 유람용으로 쓰이던 비행선에서 폭탄을 투하했으나 정확도는 떨어졌고, 쉽게 격추당했다. 제1차 세계 대전 도중 탱크니 화학무기니 하는 등 온갖 신종무기들이 태어났고, 이때부터 활약하기 시작한 날렵한 전투기가 하늘을 주름잡았지만, 폭격기 제조는 극히 초보적인 수준에 머물러 있었다. 전쟁 후에도 방심하지 않고 열심히 진화에 진화를 거듭한 폭격기가 놀라운 능력을 과시할 기회는 머지않아 도래했다.

제1차 세계대전이 끝난 지 불과 21년 만에 발발한 제2차 세계대전. 파란 하늘은 전쟁터로 변했다. 하늘 전쟁의 주력 무기는 폭격기였다. 적의 전투기가 땅에서 쏘는 대공포를 피해 하늘에서 땅에 있는 인간들에게 폭탄을 떨구면, 땅에서는 순식간에 연기가 구름처럼 솟아오르며 목표가 달성됐음을 알렸다.

폭격 재미를 실컷 맛본 것은 전쟁을 먼저 일으킨 독일이었다. 독일은 유럽 대륙에서 영국군을 모조리 몰아낸 다음, 1940년 프랑스 서부 해안에서 폭격기를 띄워 런던을 비롯한 여러 도시들을 괴롭혔다. 히틀러 공군의 표적은 군사시설이나 산업시설에 국한되지 않았다. 사람들이 밀집해서 살고 있는 런던 등 대도시에 화염 폭탄을 투하해 도시에 불을 지르는 것도 중요한 전략이었다. 폭격당해 불타는 도시의 처참한 모습에 질려서 백기를 들게 하려는 것이 히틀러의 의도였다. 그러나 여전히 세계제국을 운영하던 영국인들이 그렇게 쉽게 물러설 사람들은 아니었다.

거대한 산업국가 미국이 전쟁에 끼어들자 상황은 반전됐다. 1944년 6월 노르망디 상륙 이후로 독일군은 서유럽에서 점차 밀려나서 독일 땅으로 후퇴할 수밖에 없었다. 독일공군을 거의 파괴해 버린 연합군은 유럽 하늘을 마음 놓고 날아다녔다. 이제는 독일이 폭격을 당할 차례였다. 영국은 미군과 합작하여 1940년에 독일 폭격기에 당한 수모를 원금에 이자를 몇 배 더 얹어서 넘치도록 갚아주었다.

항구도시이자 군함 조선소가 밀집해 있던 함부르크Hamburg가 집중 폭격을 받은 것은 충분히 예상했던 일이었다. 개전 초기부터 연합군 공군이 공격했던 함부르크는 1943년 7월 집중폭격을 받았다. 7박 8일 동안 이어진 폭격. 영국과 미국 비행기 3천 대가 9,000톤의 폭탄을 투하했다. 화염은 폭풍을 이루어 시내를 말끔히 태워버렸다. 사망자 4만 2,600명, 부상자 3만 7,000명. 아직 살아남은 함부르크 시민 100만 명이 잿더미로 변한 도시를 뒤로 하고 피난길에 나섰다.

히틀러 제국의 수도 베를린Berlin도 연합군의 폭격에 속수무책으로 파괴됐다. 1940년부터 1945년까지, 연합군 비행기들은 이 도시를 총 363회 공습했다. 작전의 주역인 영국 공군은 군사시설만 골라내는 번거로움을 간편히 해결했다. 영국이 1945년부터 선택한 옵션은 한 동네씩 화염 폭탄을 떨구어 완전히 뭉개버리는 '지역 폭격'이었다. 민간인 학살은 의도치 않았다고 하나 베를린 시민들을 떼거지로 죽이지 않고는 수행할 수 없는 작전이었다. 공중에서 떨어진 폭탄으로 인한 파괴와 화염 폭탄의 불길로 인해 목숨을 잃은 베를린 시민들은 5만 명에 육박했다.

작센 주의 수도, 찬란한 바로크 도시 드레스덴Dresden. 1944년 10월부터 1945년 4월까지 이 도시의 파괴는 지극히 체계적으로 진행됐다. 드레스덴은 공업지대와 인접해 있었기에 집중 폭격을 당할 처지이기는 했다. 1945년 2월 13일에서 15일까지 이어진 폭격은 특히 치명적이었다. 영국과 미국 공군은 무려 1,300대의 폭격기를 보내 3,900톤의 화염 폭탄과 고성능 폭약을 도시에 떨궜다. 한 도시가 이렇듯 처참하게 폭격을 당한 예는 이제껏 전쟁의 역사에서 찾아볼 수 없었다. 100만 평가량의 도심을 뒤덮은 불길에 건물들은 사라졌고, 시민들은 불에 타 죽었다. 히틀러 정부가 공식 발표한 사망자 수는 20만 명이나 실제 숫자는 최소 25만 명이었다.

군사적 가치가 전혀 없는 드레스덴 '프라우언키르허Frauenkirche'(성모교회)도 숱한 드레스덴 시민들과 운명을 같이했다. 프라우언키르허

1945년 폭격당한 드레스덴을 내려다보는 동상

1945년 폭격 후의 드레스덴

는 옛 로마네스크 성당을 헐고 1726년에 착공하여 1743년에 완공한 바로크 양식 교회로, 삐쭉 솟은 돔과 핑크빛 대리석으로 치장한 실내 벽이 일품이었다. 견고한 돌로 지어서 별명이 '석제 종'인 성모교회의 돔은 1760년 7년전쟁 때 프로이센 군대의 폭탄 100개를 맞고도 무너지지 않았다. 웬만한 대포알은 능히 견뎌내며 200년이 넘는 세월 동안 드레스덴 시민들의 사랑을 받던 이 아름다운 교회는 20세기 중반, 하늘에서 떨어지는 폭탄의 공격은 당해낼 수 없었다.

1945년 2월 13일부터 성모교회에 영미 공군의 폭탄이 떨어지기 시작했다. 건물의 견고한 석주들이 이틀간은 충격을 견뎌냈다. 교회 안에는 300명의 시민이 피신해 있었다. 그러나 폭격 3일째인 2월 15일, 도시에 떨어진 6만 5,000개의 화염 폭탄이 질러놓은 거센 불의 회오리바람이 교회를 가격했다. 건물의 실내 온도가 1,000도까지 올라가자 마침내 돔은 무너졌다. 석주들도 연이어 불길을 이기지 못하고 고꾸라졌다. 마침내 교회의 외벽들이 쓰러지며 무려 6,000톤의 돌이 교회 앞 광장에 산산이 흩어졌다.

전쟁과 폭격으로 처참하게 파괴된 독일의 동쪽 도시들을 접수한 공산주의자들은 드레스덴의 성모교회를 재건축할 뜻이 전혀 없었다. 공산주의자 관료들은 그 자리를 아예 치워버리고 역사의 진보에 발맞추어 주차장으로 바꿀 계획이었다. 다행히도 성모교회를 사랑하는 시민들의 눈치가 심상치 않자 공산주의자들은 이렇듯 진보적인 계획을 실천에 옮기지 못했다. 잔해의 상태로 남아 있던 자리에 다시 성모교회를 복원하는 일은 베를린 장벽이 무너진 후에나 가능

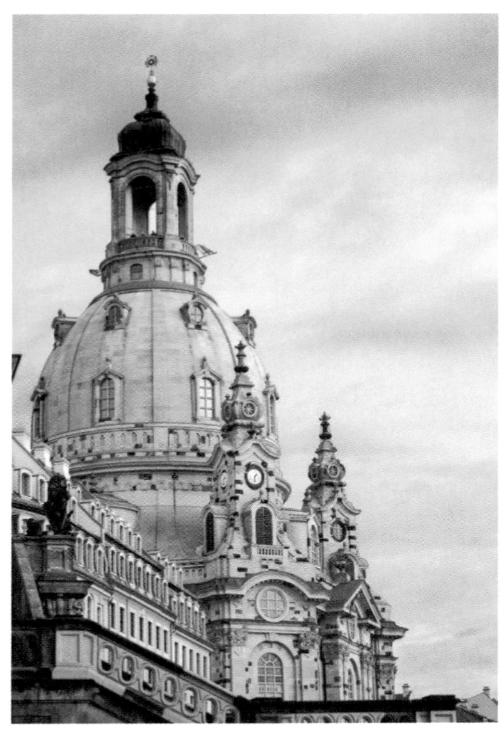

드레스덴 성모교회

했다. 2004년에서 2005년 사이에 완성된 드레스덴 성모교회 복원은 독일 안팎의 건축가, 미술사가, 종교인들이 합심하여 이루어낸 놀라운 업적이었다.

영국의 왕실과 각계 각층의 인사들도 이 프로젝트에 동참했다. 새로 복원한 돔에 얹을 황금 십자가는 '영국의 시민들과 왕실'의 후원금으로 제작됐다. 제작 및 설치는 영국의 그란트 맥도널드Grant

Macdonald 회사가 맡았다. 이 프로젝트의 책임자는 이 회사 직원이던 앨런 스미스Alan Smith로, 그의 부친은 드레스덴 폭격 당시 폭격기 조종사였다. 앨런은 부친의 '업적'을 참회하기 위해 드레스덴 출장을 자원했다.

07 15~16세기·19~20세기 | 피렌체 산로렌초 광장과 아레초 그란데 광장

비스테카는 센 불에, 트리파는 약한 불에

아레초 그란데 광장

피렌체를 방문한 관광객을 '비스테카'가 유혹하지만, 수백 년 역사가 배어 있는 토스카나 음식의 본 모습은 여러 식재료의 맛이 섞인 '트리파'에 담겨 있다.

'비스테카 알라 피오렌티나bistecca alla fiorentina'. 피렌체 관광객이라면 반드시 맛봐야 하는 요리로 세계 관광산업이 제정한 요리다. 수송아지나 암송아지 등심을 'T' 자 모양 뼈와 같이 5센티미터 정도 두께로 잘라서 구워주는 스테이크다.

이 요리의 핵심은 식재료다. 토스카나 남쪽 아레초와 시에나 지역에서 움브리아와 페루지아까지 광활하게 펼쳐져 있는 구릉지 발디키아나Val di Chiana 출신 키아니나Chianina 소에서만 재료를 가져와야 한다. 이 소는 피부가 하얀색이다.

키아니나 송아지 고기를 확보했다면, 그 다음으로는 불에 신경을 써야 한다. 참나무나 올리브 나무 숯을 미리 달궈놓는다. 속에 벌건 불을 품고 있는 숯 바로 위에 고기를 한쪽 면당 3분에서 5분씩 익힌다. 이때 소금과 후추로 간을 한다. 고기는 한 번만 뒤집는다. 마지막으로 고기를 T 자 뼈에 의지해서 세로로 세워 약 5~7분 더 굽는다. 고기를 뒤집을 때 포크로 고기를 쑤셔 육즙을 흘려보내지 않도록 조심해야 한다.

'비스테카 알라 피오렌티나'의 역사는 두 가지로 전해진다. 중세 때부터 피렌체 공화국은 산 로렌초 축일(8월 10일)에 석쇠에 구워지는 고통을 당하며 죽은 성 로렌초San Lorenzo를 기념하여 소를 잡아통 바비큐를 한 후 공짜로 시민들에게 고기를 나눠줬다. 마침 이곳에 들른 영국인 상인들이 '비프스테이크 좀 더 주세요!'라고 하는 말을 듣고, 이런 식으로 구운 쇠고기를 영어식 이름을 따라 '비스테카'라고 불렀다는 버전이 한 가지. 그러나 그때 나눠먹던 음식은 다 큰 소의 살이고, 오늘날 미식가들이 즐기는 '비스테카 알라 피오렌티나'는 송아지 요리로, 재료 자체가 다르다.

'비스테카 알라 피오렌티나'가 송아지 고기로 확정되는 데는 19세기부터 피렌체에 대거 모여들기 시작한 영국인 관광객과 피렌체에서 장기 체류하던 영국인 부자들이 큰 몫을 했다. 19세기 후반부에 피렌체 인구의 약 3분의 1이 외국인 여행자 및 체류자들이었고, 이 중 3분의 2 이상은 영국인이었다. 대대로 영국인들은 비프스테이크를 깊이 사랑해온 민족으로 부드러운 송아지 고기라면 금상첨화. 이들은 '비스테카 알라 피오렌티나'의 열렬한 팬이었다.

원래 키아니나 소의 존재 이유는 송아지 시절에 삶을 마감하고 미식가들의 입맛을 만족시키는 게 아니었다. 발디키아나 목초지에서 고대 로마 시대부터 풀을 뜯던, 덩치가 크고 힘이 센 키아니나 소의 원래 보직은 밭 갈기였다. 19세기부터 고급 관광객들을 위해 송아지를 스테이크 재료로 내준 것은 이 소들의 특별 서비스에 해당됐다. 그러나 20세기에 들어와 농업이 기계화되자 키아니나는 식용우로 역할이 바뀐다. '비스테카 알라 피오렌티나'가 피렌체 식당들 메뉴에 반드시 들어가게 된 것은 키아니나가 더 이상 밭을 갈 일이 없어진 20세기 후반부터다.

아레초의 토스카나 전통요리 전문식당 아가니아

비스테카 알라 피오렌티나를 맛보기에 제격인 곳은 이 요리의 탄생 설화와 관계 있는 피렌체 산로렌초 동네다. 산로렌초 중앙 시장 안에 있는 식당도 좋고, 근처 골목 여기저기에 그다지 부담스럽지 않은 가격에 비스테카를 제공하는 식당이 많이 있다.

소 위장 중 양으로 만든 '트리파trippa'는 가격이 만만치 않은 키아니나 송아지 스테이크와 정반대 지점에 있는 요리이다. 피렌체식, 시에나식, 아레초식, 피사식 '트리파'가 조금씩 다 다르나, 공통점은 관광객들은 잘 찾지 않는 '토종' 토스카나 음식이라는 것. '비스테카 알라 피오렌티나'와는 달리 식재료가 키아니나 소 출신인지, 소의 나이가 어린지 늙었는지는 문제되지 않는다. 어차피 푸줏간에서 나오

트리파 알라 피오렌티나

는 부산물을 서민들이 활용한 요리로, 육즙과 고기 맛을 따질 일 없고, 불 맛도 해당 없다. 약한 불에 야채와 같이 삶아 내는 요리 '트리파'의 관건은 고기보다 재료의 배합이다.

'트리파 알라 피오렌티나'(피렌체식 트리파)를 준비하려면, 먼저 소 위장을 씻어 놓고, 올리브 오일을 두른 팬에 마늘, 셀러리, 당근, 양파, 바질을 섞어서 약한 불에 20분 정도 익힌다. 마무리 때에 화이트 와인을 뿌린 후 '트리파'를 넣는다. 그 다음에는 맛이 강한 그란 파다노 치즈를 가미하고, 껍질 깐 토마토를 섞는다. 이 상태에서 50분가량 약한 불에 천천히 재료가 익도록 놓아둔다.

'트리파 알라 아레티나'(아레초식 트리파)는 트리파를 미리 삶아 놓고, 토마토를 제외한 나머지 야채를 익힌 다음, 미리 삶은 내장과 합친다. 불을 올려서 10분 동안 익힌 후 토마토를 넣고 약한 불에서 한 20분에서 30분 더 끓인다.

시에나나 피사도 각기 트리파 요리 방식이 조금씩 다르나, 아레초식 트리파는 그 담백하고 개운한 맛이 동양인 입맛에 잘 맞는다.

피렌체에서 기차로 한 시간 거리인 아레초에 순전히 '트리파 알 아레티나'를 먹으러 갈 명분은 약할지 모르나, 피렌체의 바글거리는 관광객을 피해 한적한 중세 소도시에서 토스카나 문화를 즐기기에는 아레초가 안성맞춤이다.

아레초는 인물 자랑에서 여타 토스카나 도시들에 밀리지 않는다. 인문주의자 서정시인 프란체스코 페트라르카Francesco Petrarca(1304~1374), 미술사가이자 화가 겸 건축가 조르조 바사리(피 7장 참조), 근대적 악보를 발명한 귀도 모나코Guido Monaco(1030년대 사망 추정, '귀도 다레초Guido d'Arezzo'로도 불린다)가 이 도시 출신이다. 아레초 대성당이나 산 프란체스코 교회는 피에로 델라 프란체스카Piero della Francesca(1415~1492) 등 초기 르네상스 대가들의 작품을 소중히 보존하고 있다. 작지만 들를 곳이 적지 않은 도시다.

아레초 명소들을 둘러보다 출출해지면 구도심 중심지인 그란데 광장Piazza Grande 인근 식당가로 발길을 돌리는 게 순서다. 언덕에 지은 도시라 비스듬히 기울어진 그란데 광장 자체도 명물이지만, 이 동네 식당들에서 내 놓는 정통 아레초식 '트리파'는 값은 저렴하지만 기품 있는 명품 요리다.

CODE 6

발

01 14세기·19세기 | 바르셀로나 바리 고틱

앞 못 보는 이들도 냄새로 길을 알더라

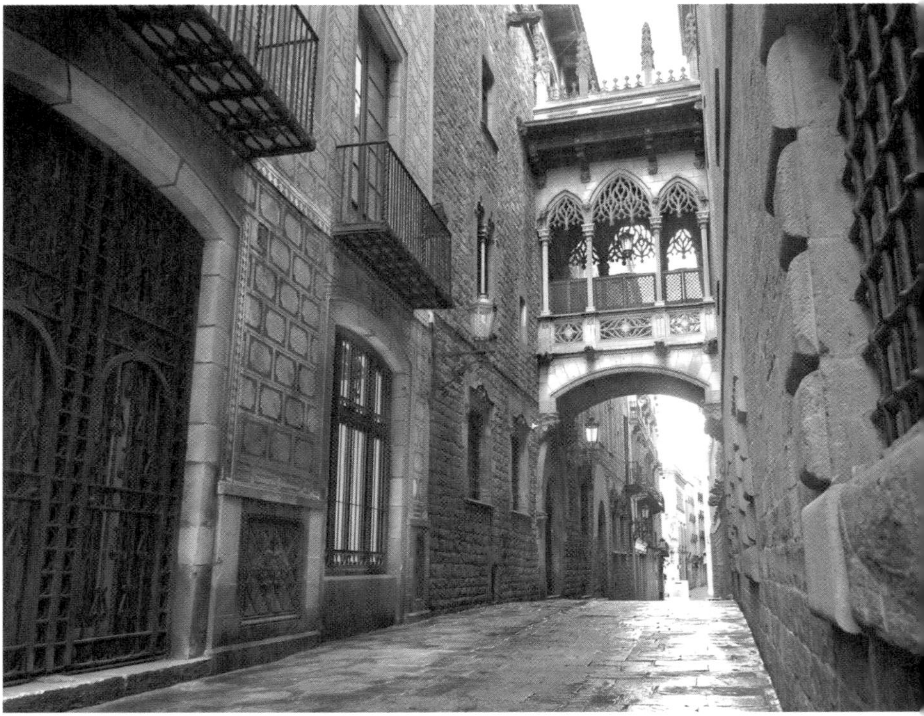

바르셀로나의 중세 도심 바리 고틱

길드 회원들의 작업장은 바리 고틱에 모여 있었다.
각각의 업종들은 뚜렷이 구분되는 냄새와 소리를 냈고,
그 덕에 방문객은 미로같은 길에서도 헤매지 않을 수 있었다.

내 집이지만 내 마음대로 손댈 수 없다. 역사적 가치가 큰 유럽 유명 도시의 구도심 건물들은 엄격한 규제로 꽁꽁 묶여 있다. 바르셀로나도 예외가 아니다. 바르셀로나에서 규제로 보호받는 역사적 건물의 수는 무려 860채. 이 중 대부분은 바르셀로나의 중세 도심, '바리 고틱Barri Gòtic(고틱 지구)'에 몰려 있다.

'바르셀로나=안토니오 가우디'가 관광 상품 공식으로 굳어진 오늘날, 관광객의 발길은 가우디의 카사 밀라Casa Milà가 서 있는 어샴플러Eixample로 몰린다. 가우디가 짓다가 만 사그라다 파밀리아Sagrada Familia 성당을 배경으로 사진 찍는 것 또한 신성한 의무가 됐다. 19세기 말에서 20세기 초까지 꽃핀 바르셀로나의 카탈루냐 모더니즘 건축은 이 도시의 큰 구경거리다. 하지만 오랜 역사를 존중하는 여행객이라면 바리 고틱 쪽으로 발길을 돌릴 것이다.

'바리 고틱', 즉 '고딕 동네'에서 만나는 고딕 양식은 14세기 카탈루냐 고딕이다. 가우디의 건물들 못지않게 매우 독특하다. 카탈루냐 고딕은 피레네 산맥 북쪽 유럽이나 같은 스페인 땅인 톨레도Toledo 등에서는 볼 수 없다. 수직 상승을 지향하는 프랑스식 고딕에 비해(돌 7장 참조) 바르셀로나의 고딕 건물들은 옆으로 퍼진 수평적 느낌을 준다. 늘씬함보다는 다부짐이, 시원함보다는 푸근함이 느껴진다. 카

산타마리아 델 마르 성당 주출입문의 짐꾼 모양 장식

탈루냐 고딕은 하늘로 비상하지 않고 땅을 품에 안는다.

카탈루냐 고딕을 대표할 만한 건물은 산타마리아 델 마르Santa Maria del Mar(1384년 완공) 성당이다. 건물 서쪽 파사드가 눕혀놓은 직사각형 모양인 이 성당은 땅에 두 발을 든든히 대고 어깨를 짝 벌리고 서 있다. 산타마리아 델 마르는 땅에 두 발을 디디고 일하는 노동자들의 손길이 짙게 배어 있다. 은 세공업자 길드, 모자 제조업자 길드, 하역업자 길드가 건축 비용을 댔다. 성당을 지을 석재는 리베라(돌 6장 참조)의 짐꾼들이 몬주익 산에서 날라왔다. 숱한 노동자와 장인들이 몇십 년 동안 힘을 모아 건물을 올렸다. 산타마리아 델 마르는 그야말로 노동자에 의한, 노동자의 교회였다. 성당 대문을 장식하는 장인들은 바르셀로나 노동자들의 헌신을 기념해 돌을 어깨에 이고 나르는 리베라 짐꾼의 모습을 대문 장식에 집어넣었다.

하늘로 치솟기보다는 땅으로 펼쳐지는 쪽을 선호하기는 1339년에 완공된 바르셀로나 대성당도 마찬가지다. 대성당의 파사드 첨탑들만 보면 프랑스식 고딕 성당으로 착각할 수 있으나, 이는 19세기에 유행한 '고딕 부흥' 양식을 좇아 후대에 만든 것들로, 완성된 해가 1913년이다. 원래의 파사드는 산타마리아 델 마르와 유사한 모습이었다. 내부로 들어가면 사방으로 뻗어나가는 넉넉한 공간이 방문자와 신도를 맞이한다. 그리 높지 않지만 듬직한 아치 덕에 건물의 폭이 제법 넓다. 입구부터 제단까지 홀쭉하게 이어지고 양옆 벽을 최대한 높게 짓는 프랑스식 고딕 성당과는 확연히 다르다.

산타마리아 델 마르와 마찬가지로 바르셀로나 대성당의 건축 비용도 도시의 길드들이 지불했다. 이 길드들은 중세 도시 바르셀로나 경제의 주역들이었다. 길드에 가입하지 않고는 그 누구도 생업에 종사할 수 없었고, 길드의 대표들은 왕과 직접 협상했으며, 도시의 법들을 제정하는 데도 깊이 관여했다. 도시가 위기에 처할 때는 길드들이 시민군을 조직해 방어에 나섰다. 이렇듯 중요한 위상을 차지한 길드들은 오랜 세월 중세부터 내려온 특권을 뚝심 있게 지켜냈다.

길드 회원들이 일하는 작업장은 오늘날 '바리 고틱'으로 불리는 구시가지에 오밀조밀 모여 있었다. 든든한 석조 건물 1층 아치 모양 천장 밑에서 부지런히 물건을 만들고, 2층에서 숙식을 해결하는 집들이 좁은 골목에서 서로 마주보며 촘촘히 늘어서 있었다. 같은 업종은 같은 길드, 이들은 한곳에 모여 있었다. 협업을 위해, 과도한 경쟁을 막기 위해, 길드의 이권을 지키기 위해, 이들은 도시 속에 생업을 지키는 바리케이드를 사방에 구축했다.

오랜 세월 동안, 바르셀로나의 '바리 고틱' 구석구석은 각 업종이 만들어내는 냄새와 소리로 뚜렷이 구분됐다. 가죽 업자들이 모인 골목에서는 가죽 처리하는 냄새가, 국수 제조업자들의 골목에서는 국수 삶는 냄새가 났고, 나무통 제조업자들 근처에 가면 부지런한 톱질 소리가, 대장장이들이 모여 있는 곳에서는 붉게 달군 쇠를 쳐대는 망치 소리가, 칼갈이 업자들의 일하는 곳에서는 칼 가는 소리가 들렸다. 하루 종일 독특한 소리와 냄새가 끊이지 않는 길드들의 공동체 '바리 고틱'에서는 앞을 못 보는 맹인도 냄새와 소리만으로도 길을 찾아다닐 수 있었다.

오늘날 보전된 '바리 고틱'의 미로 같은 좁은 길에는 배회하는 방문객을 이끌어줄 소리와 냄새가 더 이상 존재하지 않는다. 그러나 중세 바르셀로나 길드들의 흔적이 완전히 사라지지는 않았다. 가죽 말리고, 국수 삶고, 톱질하고, 망치질하고, 칼 갈던 일꾼들의 길드는 도로명에 자신들의 이름을 남겨놓았다. '카레 델스 보터스'는 나무통 업자들 구역, '카레 드 러 다게리어'는 칼갈이들 구역, '카레 드 레스 스몰러러스'는 국수 제조업자들 구역이다. '바리 고틱'과 구도심의 지도를 보면, 이런 도로 이름과 심심치 않게 마주친다.

'바리 고틱'의 역사상 가장 큰 위기는 19세기 초에 찾아왔다. '바리 고틱'을 지켜낸 길드들은 산업자본주의가 몰고온 이주 노동자들

바리 고틱의 아치형 통로

의 홍수 앞에 무너졌다. 도시 자치에 참여할 길드들이 사라진 후 바르셀로나의 자치권은 사업가 집안 출신 자유주의자들이 독점했다. 이들은 하루 빨리 사회의 과학적 진보를 성취하는 것을 본인들의 역사적 사명이라고 믿었다. 이들의 눈에 바리 고틱은 중세의 야만스런 흔적에 불과했다. 길도 꼬불꼬불, 걷기에 불편하고 마차가 다니기도 어려운 골목들. 자유주의자들은 바리 고틱을 모조리 밀어버리고 그 자리에 시원한 광장을 짓기로 결정했다.

다행히 계획은 무산됐다. 중세 가톨릭 전통을 사랑하는 분위기가 19세기 후반부에 퍼져 바리 고틱은 철거를 면했고 지금까지 자리를 지키고 있다.

02 4세기·16~17세기 | 파리 퐁 뇌프 다리

파리는
가톨릭 미사랑 바꿀 만해!

파리 퐁 뇌프 다리

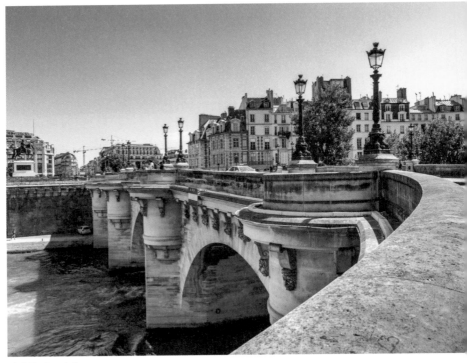

프랑스 왕이 되기 위해 가톨릭으로 개종한 앙리 4세,
소신과 파리를 맞바꾼 그는 시테 섬에 돌다리를 만든다.
이름은 '퐁 뇌프', 센 강의 새로운 다리라는 뜻이다.

파리와 센 강의 관계처럼 도시와 강의 사이가 친밀한 경우도 흔치 않다. 프랑크푸르트나 런던처럼 강변에 도시가 형성되는 사례들은 넘치도록 많지만, 아예 강 한가운데서 도시가 태어나 자란 경우는 파리가 유일하다. 굽이굽이 흐르는 센 강 한복판의 섬, 이름도 '일 드 라 시테Île de la Cité(도시 섬)'.

이곳의 첫 이름은 루테티아Lutetia. 로마 제국이 켈트족 '파리시'들을 굴복시키고 3세기 중반부터 이곳을 군사 기지로 삼으며 지어준 이름이다. 358년, 콘스탄티노플에서 자라난 율리아누스Julianus는 로마 제국의 서쪽 영토 통치자로서 파리에 거주하던 중 지인에게 '루테티아'의 쾌적한 환경을 이렇게 묘사한다.

> 사랑스런 루테티아는 강 가운데 섬에 위치해 있는데, 나무다리로 양쪽 강둑에 연결된다네. 이 강은 물이 여름에도 겨울이나 마찬가지로 한결같이 잔잔해. 물이 아주 맑아서 마시기 좋고 보기에도 즐겁지.

율리아누스는 이후에 정식 황제가 되어 제국의 수도 콘스탄티노플로 돌아간다. 황제는 화려한 도시 콘스탄티노플에서도 루테티아의 시원한 여름을 그리워했을까?

로마 제국이 서유럽에서 쇠퇴한 후 루테티아는 '파리'로 이름이 바뀐다. 이곳을 6세기부터 샤를마뉴 후손 중 한 계열이 프랑크 왕족의 수도로 삼는다. 왕국의 수도 시테 섬의 인구밀도가 높아지자 물은 점차 오염되기 시작한다. 13세기에 이르면 시테섬을 중심으로 영역을 점차 확장한 파리는 인구 20만 명에 육박하는 도시로 성장한다. 센 강의 강물은 20만 명이 배출하는 오물에 신음하며 날로 더러워진다.

그래도 파리의 강물은 변함없이 흐른다. 그 사이 파리에서는 전쟁과 반란, 반역과 박해의 드라마가 펼쳐진다. 드라마의 등장인물들이 바뀐다. 건물들의 주인도 바뀐다. 13세기에 필립 오귀스트Philippe Auguste 왕이 센 강의 우안에 요새로 지은 육중한 루브르Louvre '성'은 14세기 샤를Charles 5세가 거주용 궁으로 개조하여 루브르 '궁'이 된다. 16세기 초 프랑수아François 1세는 루브르의 성벽들을 헐어버리고 우아한 르네상스풍 궁전으로 변신시킨다. 레오나르도 다 빈치와 친분이 깊었던 프랑수아 1세가 그때 챙겨온 '보물'이 〈모나리자〉로, 이 아담한 크기의 그림은 오늘날에도 루브르 박물관의 최고 스타다.

프랑수아 1세가 죽은 후 프랑스는 극심하고 잔혹한 내전의 고통을 겪는다. 왕위 승계를 놓고 여러 야심가들이 무력으로 겨룬 전쟁이었으나, 정치 진영이 가톨릭파와 칼뱅주의 개신교파(이들은 '위그노'로 불렸다)로 갈렸기에 '종교 전쟁'(1562~1598)이라 불린다. 위그노들의 세력권은 남서부 프랑스였고, 파리는 가톨릭 세력의 거점이었다. 1572년 8월 24일, 파리의 '생 바르텔레미 학살Massacre de la Saint-Barthélemy'이 벌어진다. 그날 밤 파리에서 죽은 사람이 2,000명이 넘었다. 사망자는 대부분 위그노였다. 지방의 위그노 지도자들이 같은 개신교도인 나바르의 앙리Henri de Navarre와 프랑스 왕실의 마가레트 공주의 결혼을 축하하러 가톨릭 세력 본거지인 파리에 모였다. 이들은 종파를 초월한 이 혼인식에 큰 기대를 걸었다. 그러나 이들 중 상당수는 그날 밤 목숨을 잃었다. 죽은 자들의 시체는 태워지거나 센 강에 던져졌다.

1572년의 대학살에도 개신교 세력은 물러서지 않았다. 용맹스런 지휘관, 나바르의 앙리를 내세워 무력 항전을 계속했다. 앙리의 군대는 막강했다. 그러나 파리의 저항도 강력했다. 1590년, 앙리는 파리를 포위하지만 무력 정복은 포기한다. 그리고 고민한다. 내가 프랑스 왕이 되려면? 반드시 파리를 접수해야 한다. 힘으로? 그것은 이미 무리인 게 증명됐다. 그렇다면 어떻게? 파리는 철저한 가톨릭 도시. 내가 개종을 하자.

1593년 7월 25일, 앙리는 프랑스의 수호성인을 기념하는 생드니 대성당에서 개신교에 빠졌던 과오를 공식적으로 뉘우친다. 그러고 나서 가톨릭교도 자격으로 미사를 드리고, 프랑스 왕 앙리 4세로 등극한다. 변절자? "파리는 미사랑 바꿀 만해." 그가 이때 했다고 전해지는 유명한 말이다.

종교적 소신과 파리를 맞바꾼 앙리 4세는 파리에 대한 사랑을 마음껏 펼쳤다. 그가 가장 먼저 손을 댄 곳은 시테 섬 연결 다리였다.

시테 섬 양편으로 사람이 오고 가려면 반드시 걸어 다닐 수 있는 다리가 필수이나 1,000년이 넘는 세월 동안 센 강의 다리들은 역사의 발전과는 무관한 삶을 살았다. 4세기 율리아누스 황제 때와 마찬가지로, 시테 섬과 센 강 양쪽 둑은 나무다리로 연결돼 있었다. 1596년 12월에는 시테 섬 연결 나무다리 중 한쪽이 무너져 다리를 걸어서 건너던 사람 160명이 센 강에 빠져 죽었다.

시테 섬 다리를 돌로 바꿔야겠다는 생각을 이전 왕들이 안 한 것은 아니다. 앙리 2세가 1550년대에 계획을 세운 바 있고, 1578년에는 앙리 3세가 돌다리 공사를 착수까지는 했으나, 설계에 대한 의견이 통일되지 않아 공사가 지연됐다. 1588년부터는 종교전쟁의 난리

퐁 뇌프 다리

통이라 돌다리 공사는 아예 중단됐다. 다리를 완성할 인물은 종교전쟁의 최종 승자인 앙리 4세였다. 그는 파리로 입성하자마자 돌다리 공사에 박차를 가했다.

1604년, 마침내 새로 지은 돌다리로 사람과 마차가 다니기 시작했다. 1607년, 모든 마무리 공사를 끝내고 앙리 4세는 준공식을 주재했다. 이 다리의 이름이 '퐁 뇌프Pont Neuf', 즉 '새 다리'. 강 왼편으로 다섯 개, 오른편으로는 일곱 개의 예쁜 돌 아치 위에 얹힌 퐁 뇌프는 많은 이들의 사랑을 받는 파리의 명물이 됐다. 강 양쪽 도시의 길거리나 골목은 포장이 제대로 안 된 곳이 대부분인데, 깔끔한 돌다리 퐁 뇌프는 걸어 다니기에 쾌적했다. 다리 위에서 센 강 양편으로 펼쳐진 파리를 감상하는 것도, 그때나 지금이나 이 다리 이용자의 큰 즐거움이다. 퐁 뇌프는 사람의 발길이 하루 종일, 밤늦게까지 끊이지 않는 파리 최고의 산책로가 됐다.

앙리 4세는 퐁 뇌프 준공 1년 뒤에 암살당한다. 그가 탄 마차가 교통체증에 꽉 막혀 옴짝달싹 못 하는 사이를 틈타 가톨릭 과격분자 하나가 마차로 달려들었다. 그는 왕의 가슴을 칼로 두 번 찔렀다. 살인자가 보기에는 아직 종교전쟁이 끝난 게 아니었다. 파리를 흠모해 개신교를 버리고 가톨릭으로 개종한 앙리 4세가 그의 눈에는 여전히 가톨릭의 원수였던 것이다.

03 18세기 | 런던 웨스트민스터 다리

고상한 건축물 위에서 나누는 완벽한 사랑

빅벤과 웨스트민스터 다리

런던은 원래 성격과 색채가 다른 두 도시였다.
돈벌이에 몰두하는 상인들의 런던 시티와
돈 쓰는 게 장기인 상류층의 도시 웨스트민스터.

런던은 원래 한 도시가 아니라 두 도시였다. 동쪽의 런던 시티City of London와 서쪽의 웨스트민스터Westminster. 런던 시티는 다른 중세 유럽 도시들처럼 자치권을 획득한 상인들의 도시였고, 웨스트민스터는 자치도시는 아니지만 런던 시티 곁에서 왕궁과 귀족들의 집중 거주지로 자리 잡은 도시였다. 서로 곁에 붙어 있지만, 런던 시티와 웨스트민스터는 그 성격과 색채가 사뭇 달랐다. 돈벌이에 몰두하는 상인들의 도시 런던 시티. 돈 쓰는 쪽이 장기인 상류층들의 도시 웨스트민스터. 두 '도시' 사이 공간에는 극장가와 환락가가 들어서 있었다.

중세 도시 런던 시티는 세인트폴 대성당을 중심으로 오밀조밀 민가와 가게들이 모여 있었으나, 19세기부터는 점차 퇴근 후나 주말이 되면 길거리가 썰렁한 오피스 타운으로 변했다. 오늘날의 런던 시티는 무책임한 재개발의 여파로, 이 공간의 오랜 역사를 감지하기 쉽지 않다. 반면에 웨스트민스터의 땅들은 왕실과 귀족들의 소유로 개발업자들이 함부로 손을 대지 못했다.

18세기에 이르면 물려받은 재산으로 먹고사는 사람들뿐 아니라, 새롭게 부상한 시장경제 덕에 큰돈을 번 사람들의 고급 주택 수요가 급속히 늘어났다. 이들을 겨냥하여 웨스트민스터의 큼직한 부지들에는 석조로 파사드를 마감한 고급 주택들이 들어섰다. 입헌군주체제에서 의회와 백성들의 눈치를 보지 않을 수 없는 영국의 왕실도 웨스트민스터 지역의 소유 녹지를 공원으로 시민들에게 개방했다.

런던 시티와 웨스트민스터가 속과 겉이 모두 달랐음에도 둘의 관계는 원만했다. 웨스트민스터의 상류층은 런던 시티 사업에 투자했고, 런던 시티에서 돈을 번 부자들은 웨스트민스터로 이주했다. 귀족들은 부자들과 쉽게 어울렸다. 영국 사회계층 구분의 잣대는 사실상 돈이었다. 돈이 없으면 귀족이라 해도 귀족 행세를 못했다. 반면에 돈을 많이 번 평민이 상류사회에 합류하는 것은 별로 어려운 일이 아니었다. '돈 잘 쓰는 사람은 모두 환영!' 부자 도시 웨스트민스터의 출입문(물론 그런 것은 없지만)에 적혀 있었을 법한 문구다.

런던이 두 도시이듯, 영국도 원래 두 나라였다. 잉글랜드와 스코틀랜드는 16세기까지 서로 총칼을 들고 싸우던 적국이었다. 그러던 것이 1603년에 왕실이 합쳐지고, 1707년에 의회까지 합쳐져 잉글랜드와 스코틀랜드의 '연합왕국United Kingdom'이 출범한다. 하지만 연합국이라 해도 인구와 경제력, 문화, 모든 면에서 스코틀랜드는 잉글랜드보다 한참 뒤처지는 파트너였다. 스코틀랜드인들은 기회만 되면 돈, 명예, 권력, 쾌락을 찾아 잉글랜드의 수도 런던으로 내려왔다. 그중 한 사람이 제임스 보즈웰James Boswell이었다.

보즈웰은 1740년, 스코틀랜드 수도 에든버러Edinburgh에서 태어났다. 아버지는 스코틀랜드의 대법관이자 독실한 장로교 신자로, 물려받은 토지도 있는 넉넉한 집안이었다. 아버지는 아들을 에든버러

대학에 보내 법률가로 키우고자 했다. 그러나 아들이 학업에 열중하지 않자 아버지는 아들을 글래스고Glasgow 대학으로 전학시켰다. 글래스고 대학에 다니던 아들은 1760년, 갑갑한 스코틀랜드를 버리고 런던으로 도주했다. 진노한 아버지는 다시 그를 에든버러로 불러들였다. 그로부터 2년 후인 1762년, 에든버러에서 교육과정을 마치고 변호사 시험에 합격한 아들은 아버지에게 선언했다. '아버지, 저는 런던에 가서 문필가로 살겠습니다!'

보즈웰은 웨스트민스터에 방을 얻었다. 작가의 꿈을 꾸며 문인들과도 어울렸지만, 노는 일에도 열중했다. 그는 당시 자신의 런던 생활을 진솔한 일기로 기록했다.

문필가를 꿈꾸는 스코틀랜드 청년 보즈웰은 걸어서 런던 거리를 배회하는 게 일상사였다. 그의 발길은 늘 극장가를 향했다. 그곳에는 온갖 목적으로 돌아다니는 온갖 여성들이 있었던 까닭이다. 보즈웰은 런던 연극 무대에 서는 여배우와 연인이 됐지만 거기에 만족하지 못했다. 런던을 걷다 보면 늘 눈이 즐거웠다. 희미한 램프 가로등 밑에서 눈길이 마주치는 런던의 길거리 여인들은 너무 매혹적이었다.

어느덧 보즈웰은 평범한 쾌락에 덤덤해졌다. 스릴 없는 섹스가 무슨 재미? 그의 1763년 5월 10일자 일기의 한 대목은 다음과 같다.

> 헤이마켓Haymarket에서 나는 활달한 젊은 여인 하나를 건져서 팔짱 끼고 웨스트민스터 다리로 데리고 갔다. 나는 이 고상한 건축물 위에서 그녀와 완벽한 사랑을 나누었다. 템스 강

건설 중인 웨스트민스터 다리(1747년)

> 이 밑에서 출렁거리는 그곳에서 그걸 하는 묘한 기분이 매우 참신했다. 그러나 나는 내 짐승 같은 욕구를 만족시킨 후에는, 그토록 천한 것과 그토록 친밀한 관계를 맺은 내 자신을 경멸하지 않을 수 없었다.

보즈웰이 일기에 언급한 '이 고상한 건축물' 웨스트민스터 다리는 1750년에 완공된 런던의 두 번째 다리였다. 그때까지 런던의 템스 강을 가로지르는 유일한 다리는 13세기 때 완공된 런던 브리지뿐이었다. 지금의 웨스트민스터 다리는 19세기에 다시 지은 다리이니, 18세기의 원래 모습은 아니다.

웨스트민스터 다리를 처음 설계하고 감독한 엔지니어는 샤를 라블리Charles Labelye, 스위스 사람이다. 스위스는 스코틀랜드처럼 칼뱅주의 개신교 지역이었고, 칼뱅주의는 원죄로 망가진 인간의 타락을 강조했다. 스위스인 설계자 라블리가 스코틀랜드 청년 보즈웰이 자신이 지은 다리를 이렇듯 특이한 목적으로 이용했다는 것을 알았으면 어떤 반응을 보였을까? 그것은 알 수 없으나, 보즈웰의 태도는 얼핏 분명해 보인다. 그는 일기에서 색욕에 탐닉하는 자기 자신을 준엄하게 정죄한다. 어쩌면 자신의 죄를 고백하는 척하며 은근히 자랑한 것일지도 모르지만.

04 17~19세기 | 나폴리 보메로와 제수 누오보 광장

윗동네는 공기 좋고, 아랫동네는 맛 좋고

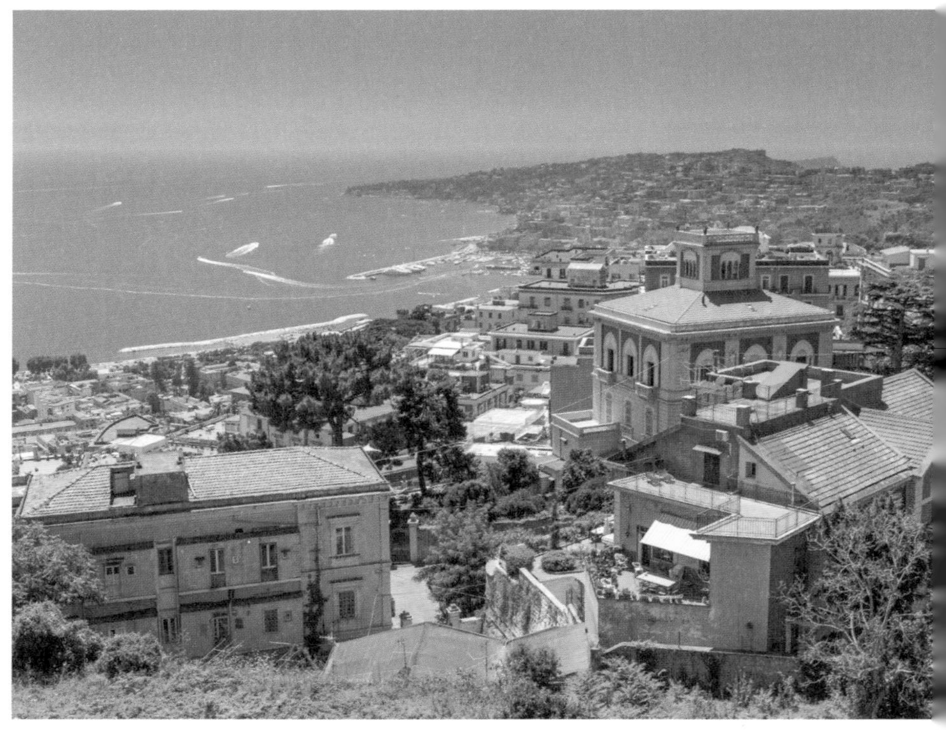

보메로 언덕에서 내려다본 나폴리

나폴리의 공기 좋은 고지대 보메로에 사는 부자들도
서민층이 사는 저지대의 피자 맛과 냄새에 끌려
푸니콜라레를 타고 제수 누오보 광장으로 내려오곤 한다.

어느 도시마다 부자 동네와 서민 동네가 구별되어 있기 마련이지만, 나폴리처럼 상류 사회는 말 그대로 '위' 도시에 살고, 나머지는 '아래' 도시에 사는, '2층 도시'는 그리 많지 않다. 런던은 서와 동으로 부와 빈이 갈리고, 파리는 중앙과 변두리로 부자 도시와 가난한 도시가 나뉜다. 반면에 나폴리는 땅의 생김새 덕분에, 공기 좋은 고지대인 보메로Vomero에 부자들의 주택가가 들어서 있다. 공기 탁하고 지저분한 아래 도시에는 부자가 아닌 사람들이 산다. 보메로는 나폴리 안의 또 다른 도시다. 이곳 주민들은 스스로를 '나폴리 사람'이 아니라 '보메레시', 즉 '보메로 사람'이라고 부르고, 아래 도시로 갈 때는 '나폴리로 내려간다'고 한다.

상류층은 위쪽에 살고 서민층은 아래쪽에 사는 나폴리. 나폴리의 길고 긴 역사에서 토착민과 지배층 간에는 인종적·문화적 거리가 늘 존재했다. 기원전 1,000년부터 그리스인들이 이곳에 와 그리스 문명을 이식했다. 그리고 기원전 6세기에 '네아폴리스Neapolis(신도시)'라는 이름을 쓰기 시작했다. '네아폴리스'가 조상인 '나폴리'는 이탈리아 주요 도시들 가운데 심지어 로마보다도 나이가 많은 최고참이지만, 피렌체나 베네치아처럼 자치의 역사를 자랑하지는 못한다. 11세기에 프랑스 노르망디 기사들이 패권을 장악해 노르망디인들이 왕 노릇을 했고, 13세기에는 독일인들이 왕좌를 빼앗았다. 그 후 프랑스인 왕조가 잠시 들어섰지만, 15세기부터 1861년 통일 이탈리아 군대가 나폴리로 입성할 때까지, 스페인 사람들이 나폴리의 군주이자 지배층으로 군림했다.

위쪽 도시 보메로의 역사도 스페인 지배자들과 관련이 깊다. 나폴리 구도심에 많은 흔적을 남긴 스페인 총독 돈 페드로 데 톨레도 Don Pedro de Toledo 때인 16세기 초부터, 도시의 지배자들은 보메로 언덕에 손을 대기 시작했다. 1656년 나폴리에 독한 전염병이 퍼지자, 스페인 관료와 토착 귀족들이 보메로로 피신하기 시작한 것을 계기로, 위쪽 도시는 상류층들의 거주지로 확정됐다.

이탈리아가 통일된 후, 귀족들 외에 능력이 되는 중산층들도 이곳으로 올라오기 시작했다. 보메로는 지금의 눈으로 보면 고풍스러워 보이지만, 19세기 말에서 20세기 초에 현대적으로 개발한 신도시다. 길은 곧고 널찍하고, 아파트 건물들은 품위 있는 외관을 갖추고 있다.

아래 도시 나폴리의 제수 누오보 광장Piazza del Gesù Nuovo. 이곳은 보메로와는 전혀 다른 분위기이다. 광장에 이름을 준 제수 누오보 성당(1725년 완공)의 파사드는 별 장식 없는 검은 돌 벽이다. 광장과 인근 골목 길바닥의 돌들도 검게 얼룩져 있다. 사방에서 뒹구는 쓰레기, 좁은 길에 뒤엉켜 있는 거주민과 관광객. 보메로에서 산책을 즐기던 한가한 발길로는 이곳 길바닥의 오물과 밀려오는 인파를 피하기 어렵다. 군중 속에 숨어 있는 소매치기도 경계해야 한다. 보행자는 긴장해야 하고 소지품을 잘 간수해야 한다.

나폴리 구시가지 골목

이렇듯 혼잡한 제수 누오보 광장도 한때는 '신도시'의 중심이었다. 고대와 중세 나폴리의 도심보다 서쪽으로 비껴나 있는 이 터에, 돈 페드로 총독이 16세기에 도시의 공간을 넓히려 광장 개발에 착수했고, 18세기에 현재의 모습을 갖추었다.

제수 누오보 광장은 보행자의 발길을 코가 안내한다. 광장 인근을 걷다가 맛있는 피자 냄새에 이끌리면, 인근 식당으로 들어간다. 원조 '나폴리 피자'를 맛보러, 또한 아픈 발도 쉬게 할 겸. 이곳에 와야 지저분한 아래쪽 도시 나폴리만의 색다른 맛을 음미할 수 있다.

나폴리 피자는 대한민국에서 시켜먹는 피자와는 모양과 냄새, 색깔이 다르다. 피자의 원조 나폴리의 원조 피자는 '마르게리타' 피자다. 화덕에서 바로 나온 마르게리타 피자는 얇은 도우에 모짜렐라가 흥건히 녹아 있는 사이로 숨어 있는 토마토소스가 보인다. 그 위에 파란색 바질잎 몇 장을 띄워놓은 것이 '토핑'의 전부다. 모짜렐라 치즈는 캄파니아 물소 우유로 만든다. 간단한 식재료이나 적절한 온도와 적절한 시간으로 구워낸 맛의 조화는 오직 그 현장에서 먹어야만 체험할 수 있다.

'마르게리타' 피자는 언제 태어났나? 흔히 알려진 이야기는 다음과 같다. 새로 출범한 통일 이탈리아의 두 번째 왕비 마르게리타 Margherita. 그분께서 1889년 나폴리를 방문하시매, 성은이 망극하여 나폴리 피자의 달인 라파엘레 에스포지토Raffaele Esposito가 이탈리아 국기의 세 가지 색인 백색(모짜렐라), 적색(토마토), 청색(바질)을 넣은 피자를 개발해서 바치니, 매우 기뻐하셨다. 이 일을 계기로 '마르게리타 피자'라는 이름이 생겨난 것은 사실이지만, 그 전에도 '마르게리타' 피자는 이미 나폴리에 존재했다.

피자는 원래 화덕에서 구워서 가져온 후 좌판에 놓고 팔던 길거리 음식이다. 18세기에 제수 누오보 광장을 비롯해서 나폴리 시내 여기 저기에 이런 좌판들이 등장했다. 18세기 나폴리의 유명 요리사 겸 문필가 빈첸초 코라도Vincenzo Corrado는 나폴리 서민들이 피자에 토마토를 얹어 먹는 풍습이 있다고 자신의 요리책에서 언급하고 있다. 코라도의 고객들은 귀족들이라 피자에 심취할 리는 없었으나, 귀족들처럼 육류를 맘껏 즐길 수 없는 서민들로서는 밀가루, 모짜렐라,

토마토, 바질만 있으면 만들 수 있는 피자가 매우 반가운 메뉴였다. 1807년에 나폴리에는 이미 54개의 피자 전용 식당, '피제리아'가 영업 중이었다.

나폴리는 '마르게리타 피자'라는 이름을 하사한 통일 이탈리아 왕국의 덕을 별로 보지 못했다. 나폴리는 독립 왕국의 수도이던 시절 영화를 다시는 누리지 못한 채, 마르게리타가 방문했던 19세기 말부터 오늘날까지 치안, 위생, 청결 등에서 늘 낙제점을 받는 대도시라는 오명에서 쉽게 헤어나지 못하고 있다.

그래도 19세기 기계문명은 나폴리를 찾아왔고, 1890년대부터는 '푸니콜라레funicolare'(케이블카)가 언덕 위 보메로와 평지 나폴리를 편리하게 연결해주고 있다. 보메로에 사는 부잣집 사람들도 푸니콜라레를 타고 제수 누오보 광장으로 내려와 피자를 먹는다. 더러운 길바닥의 오물을 피해 조심조심 걸어 다니는 게 부담스럽기는 하지만, 다른 곳에서는 그 맛이 나오지 않기 때문이다. 제수 누오보 광장 인근의 지저분한 길바닥이 쉽게 깨끗해질 수 없듯이, 이곳 '피제리아'가 전수받은 맛의 전통도 쉽게 사라지지 않을 것이다.

05 19세기 | 마드리드 프라도 미술관

눈길 따라 발걸음을 떼다

프라도 미술관과 세르반테스 동상

주로 그림 위주로 전시되어 있는 프라도 미술관은
길게 뻗어 있는 갤러리 복도를 느긋하게 걸으며
마음껏 명화를 감상하기에 최적의 장소다.

도시를 걷는 발걸음을 건물 안으로 가져간다. 발길은 느릿느릿, 눈길이 닿는 데마다 나도 모르게 멈춰 선다. 섬세한 터치와 유화의 배합 속에 살아 있는 인물들. 수백 년 세월이 지나도 여전히 초롱초롱한 눈빛들. 정지된 동작의 생생한 근육과 바람에 날리는 옷자락. 캔버스는 2차원 평면일 뿐이나, 그 안에 그려놓은 이미지와 칠해놓은 색채는 3차원의 삶을 담아낸다. 아니, 수백 년 시간을 능히 건너뛰기에 4차원의 경지라고 해도 좋다.

유럽 도시의 구도심을 걸으며 잘 보전된 건물의 근사한 파사드들에 눈길을 뺏기는 것도 낙이지만, 대가들의 명화가 촘촘히 걸려 있는 미술관들을 거니는 낙은 이 도시들을 찾은 나그네의 큰 즐거움이다. 그중에서도 마드리드의 프라도Prado 미술관은 한가히 그림을 감상하기에 가장 알맞은 규모이다.

파리 루브르 박물관은 건물이 너무 커서 발품을 많이 팔아야 하고, 박물관이지 미술관은 아니기에 화가들의 명작과 한적한 대화를 나누기도 쉽지 않다. 게다가 오로지 〈모나리자〉만을 급히 보고 다음 행선지로 우르르 몰려가는 단체 관광객들의 인해전술 때문에 조용히 그림을 감상하기는 애초에 불가능하다. 런던 내셔널 갤러리National Gallery는 프라도보다 건물 면적은 좁으나, 입장료가 무료이다

보니, 이곳 역시 몰려드는 인파가 만만치 않다.

루브르 박물관에는 근대 파리의 모든 유적이 그렇듯이, 잔인한 혁명과 전 유럽을 전쟁의 소용돌이로 몰아넣은 독재자 나폴레옹의 흔적이 짙게 남아 있다. 프랑스 혁명 정부는 왕의 궁정이던 루브르를 빼앗고 왕의 목을 친 1792년(피 5장 참조), 루브르를 인민에게 개방했다. 개관 당시에는 전시할 그림이 500여 개에 불과했으나, 나폴레옹이 이집트와 유럽을 침략해서 노획한 물품들이 박물관에 쌓이며 그 규모가 획기적으로 커졌다.

런던 내셔널 갤러리는 부자 도시 웨스트민스터와 런던 시티 가운데 위치를 일부러 골라서 지어놓은 전략적인 건물(발 3장 참조)이었다. 런던 시티 및 그 동쪽 이스트엔드East End 노동자들의 부자들에 대한 적개심을 예술로 분산하려는 의도였다. 따라서 입장료는 무료였다.

스페인의 수도 마드리드에 자리 잡은 프라도도 정치적 혼란과 무관한 것은 아니다. 당시 유행하던 계몽주의에 영향을 받은 스페인 왕 카를로스Carlos 3세. 산 헤로니모 엘 레알San Jerónimo el Real 수도원과 주변의 프라도prado(녹지)를 공원으로 개발하며 그 곁에 새 박물관을 세우기로 결정한다. 그는 백성들에게 과학을 숭상하는 마음을 심어주길 원했다. '경들은 이곳에 자연사 박물관을 지으시오!'

수도원을 헌 자리 곁에 국립 자연사 박물관을 세우려 했던 카를로스 3세는 그 뜻을 다 이루지 못하고 죽었다. 건물을 완공한 왕은 그의 손자인 페르난도Fernando 7세였다. 손자는 조부의 뜻을 따라야 하나 고민하던 중 부인 마리아 이사벨Isabel 왕비의 조언에 마음을 움

직인다. '이 예쁜 건물을 벌레가 죽어 굳어 있는 화석이나 공룡 뼈다귀를 전시하는 공간으로 쓰기에는 너무 아깝지 않아요? 왕립 미술관으로 씁시다.' 아름다운 아내의 말은 아름다운 생각을 담고 있었다. 그녀의 남편도 대대로 선조들이 사서 모은 수많은 명화들을 백성들에게 개방하는 것은 정치적 득실을 따져봐도 나쁠 게 없다고 판단했다. 그렇게 해서 1819년, '레알Real'(왕립) 미술관이 백성들에게 개방된다. '레알 미술관'은 1868년 이사벨 2세 여왕이 축출되는 혼란기에 '프라도 박물관Museo del Prado'으로 이름이 바뀐다.

프라도는 '박물관'이라고는 하지만 사실상 미술관이다. 대부분의 소장품은 회화다. 이런 프라도보다 규모가 작은 피렌체의 우피치는

프라도 미술관

회화뿐 아니라, 전시품 중 메디치 통치자들이 수집한 대리석 조각 작품들이 적지 않다. 반면에 프라도는 그림이 주종이다. 3차원 조형물인 조각은 갤러리 바닥 한복판에서 관람객의 발걸음을 막지만, 그림은 조용히 벽에 걸린 채 사람이 다닐 길을 넉넉히 남겨놓는다. 조각 작품이 별로 없는 덕에 프라도 관람객들은 길게 뻗어 있는 갤러리 복도를 느긋하게 걸으며, 벽마다 촘촘히 어깨를 맞댄 채 걸려 있는 명화들을 맘껏 감상할 수 있다.

프라도의 벽에서 우리를 맞이하는 명화들은 수없이 많고, 대가들의 명단도 뒤러, 브뤼겔, 라파엘로, 티치아노, 렘브란트, 루벤스, 엘 그레코, 고야 등 나열하자면 프라도의 긴 복도만큼이나 길게 펼쳐진다. 그러나 관람객의 발길을 가장 오래 세워놓는 대표 작품은 벨라스케스Diego Velázquez의 〈시녀들〉이다. 그림 속에 그림이 있고, 그림 속 거울에 인물이 담겨 있고, 그림 속의 화폭 왼편에서 벨라스케스가 그림을 그리다가 우리를 넌지시 바라보고 있는 이 기묘한 명작은 수천 점의 명화를 품고 있는 프라도 자체의 상징이다.

프라도에서 나온 후엔 으레 프라도와 가까운 거리에 있는 레이나 소피아Reina Sophia 미술관으로 직행하는 게 관례다. 마드리드까지 먼 길을 날아온 여행객이라면, 반드시 거기에 소장된 피카소Picasso의 〈게르니카〉 앞에 공손히 손 모으고 일그러진 시대의 천재 화가가 그려놓은 회색빛의 일그러진 형상들에게 경의를 표해야 하기에.

그러나 프라도가 간직한, 덜 일그러진 시대가 물려준 아름다운 그림들의 감흥을 기억 속에 차곡차곡 담아가려면, 레이나 소피아와는

디에고 벨라스케스, <시녀들>, 1656년

다른 방향으로 발길을 돌리는 편이 더 낫다. 프라도 곁에 있는 부엔 레티로Buen Retiro 공원. '프라도'라는 이름을 준 녹지를 왕실은 정원으로 가꾸었다. 왕실 정원은 미술관 이름이 '레알'(왕립)에서 '프라도'로 바뀐 1868년에 일반 시민을 위한 공원으로 개방됐다.

프라도에서 사람 손이 만들어낸 아름다움을 되새기며 부엔레티로를 거닌다. 창조주가 빚어낸 나무와 꽃, 풀잎과 잎사귀, 흐르는 물과 지저귀는 새소리가 영혼의 때를 씻어낸다.

06 20세기 | 로마 아피아 가도

2,000년 전 그들이 다시 행진하다

해 질 녘의 아피아 가도

'모든 길이 로마로 통하도록!'
기원전 312년 아피아 가도에서 들려오던 행진 소리를
작곡가 레스피기는 음악을 통해 20세기에 다시 불러냈다.

두 박자로 이어가는 팀파니 소리를 피아노의 낮은 건반이 거든다. 박자는 너무 느리지도 빠르지도 않다. 사람이 보통 걷는 속도. 호른 소리가 나뭇가지처럼 어른거리는 아래로, 콘트라베이스는 피치카토로 낮은 음의 두 박자 맥박에 짙은 색조를 입힌다. 점차 목관의 형체가 분명해진다. 반복되는 두 박자 리듬은 육중한 발걸음을 떼며 발맞춰 걷는 행진을 표현한다.

낭랑한 고음으로 선두를 끌고 전진하는 오보에. 오보에와 대화를 주고받는 바순과 클라리넷. 조금씩 커지는 타악기와 피아노. 저음 현악기의 두 박자 발걸음 소리. 곧이어 금관 파트가 우렁찬 음조로 행렬 앞에 선다. 이제 모든 악기가 한목소리로 주제를 연주한다. 점차 고양되는 현의 비브라토. 이에 화답하는 목관과 금관이 공간을 가득 메운다. 단 한 순간도 끊김없이 계속되는 저음과 타악기의 두 박자 호흡. 우렁차게 음악이 연주홀 벽에 반사된다. 관악기와 타악기에 다시 선두를 내준 현악기. 모든 악기는 포르티시모. 마침내 심벌즈의 금속성 소리가 물결처럼 퍼지면서 음악은 종착점에 이른다.

이탈리아 작곡가 오토리노 레스피기Ottorino Respighi의 〈로마의 소나무I pini di Roma〉는 로마의 '아우구스테오 극장Teatro Augusteo'에서 1924년에 초연될 때부터 오늘날까지 이 작곡가의 작품 중 가장 자주 연주되는 교향시다. 2018년 기준, 약 100개 이상의 서로 다른 연주가 음반으로 나와 있을 정도로 작품의 인기는 식을 줄 모른다. 〈로마의 소나무〉의 클라이맥스는 마지막 4악장, '아피아 가도의 소나무들'로, 고대 로마 군대가 '아피아 가도Via Appia'를 행진해 시내로 들어오는 장면을 묘사한다. 관현악단에서 대개 제한적인 조역의 역할을 맡는 팀파니가 악장의 시작부터 끝까지 계속 '쿵쿵' 두 박자를 치게 한 것은 파격이었다. 관악 파트를 대거 보강해 일부는 무대 위쪽이나 벽 쪽에 배치하여 음향의 확장성을 늘린 것도 그러하고, 팀파니 외에도 심벌즈, 북 등 다양한 타악기를 동원한 오케스트레이션으로 레스피기는 이 작품의 화려한 색채를 빚어냈다.

〈로마의 소나무〉의 앞선 악장들에도 이 도시 중의 도시, 로마의 향취가 짙게 배어 있다. 첫 악장인 '빌라 보르게세Villa Borghese의 소나무들'의 도입부는 하프와 피아노를 곁들인 경쾌한 주제로 소나무 사이사이에서 날아다니는 작은 새들을 연상시킨다. 로마의 풍성한 햇살이 소나무 그늘과 숨바꼭질하듯 짧은 음들의 상쾌한 조화가 타악기와 현악기, 목관, 금관, 피아노의 배합 속으로 녹아든다. 이어지는 2악장은 전혀 다른 분위기를 자아낸다. '어느 카타콤바catacomba 근처의 소나무들'에서는 현악기와 목관의 느린 선율이 삶과 죽음을 주재하는 절대자 하느님 앞에 고개 숙여 기도한다. 그리고 3악장, '자니콜로의 소나무들'에서는 피아노, 클라리넷, 플루트의 안내를 받으며 지하 묘지 카타콤(카타콤바)의 어둠에서 벗어난다. 차분한 리듬 속에서 달빛의 조명을 받는 소나무들의 자태가 떠오른다. 이 악장의

빌라 보르게세의 소나무들

마무리 부분에서는 밤의 노래꾼 나이팅게일의 지저귀는 소리가 들린다. 작곡가는 직접 자니콜로 언덕에서 나이팅게일 소리를 녹음해 이 대목에서 녹음기를 틀었다.

레스피기는 〈로마의 소나무〉 4악장을 로마의 역사적 공간의 이름들을 빌려 명명했다. 시기적으로는 가까운 과거에서 좀 더 먼 과거를 오고 가는 구도이다. 1악장의 '빌라 보르게세' 별장 겸 공원을 보르게세 가문이 개발한 것은 18세기다. 음악적으로도 18세기 음악의 로코코풍 경쾌함이 특징이다. 카타콤 근처의 소나무를 표현한 2악장은 기독교도들에 대한 박해가 극심했던 1~2세기로 돌아간다. 레스피기는 특정 카타콤이 아니라 '어느 카타콤바'라고만 적고 있다. 로마의 카타콤은 발견된 것만 40개에 육박한다. 잔혹한 박해를 피해 지하 묘지에 숨어 그리스도를 기념하던 초대 기독교인들. 이들의 기도와 찬미를 재현하기 위해, 작곡가는 교회음악 선율을 가져왔다. 서정적인 3악장의 야상곡은 19세기 낭만주의와 통한다. 3장 마지막 부분에 삽입된 나이팅게일 녹음은 20세기 테크놀로지만이 가능케 해줄 수 있는, 당시로서는 최첨단 기술이었다. 3악장의 달콤한 꿈은 자연스럽게 20세기로 이어진다.

이미 20세기에 와 있던 음악은 4악장에서 2,000년 전으로 돌아간다. 3악장이 그려낸 달밤의 낭만 속에 나이팅게일 소리와 더불어 달콤한 꿈을 꾸며 잠들던 사이, 레스피기는 역사의 시곗바늘을 전성기 로마 제국으로 급속히 되돌려놓는다. 새벽 동이 트자마자 저 아래에서 들려오는 군대의 행진 소리. 군대는 아피아 가도를 따라 신들의 제왕 유피테르의 신전이 서 있는 카피톨리움(캄피돌리오) 언덕으로 올라오고 있다.

아피아 가도는 로마와 이탈리아 반도 남쪽을 연결하는 국도였다. 남쪽을 정벌하던 로마 공화국이 군대 병력과 보급품 운송을 위해 기원전 312년에 건설했다. '모든 길이 로마로 통하도록' 로마에서부터 시작하는 직선 도로를 건설한 후 그 도로들을 통해 타 지역을 정복하는 로마의 전략은 아피아 가도와 함께 시작됐다. 최초의 군사 도로이자 도시 간 장거리 도로 중의 '여왕'으로 칭송받던 이 길로 레스피기의 정교한 음악은 로마 군단의 유령들을 다시 불러낸다.

로마 군단의 개선행렬은 적군 장수나 왕을 맨 앞에 세워놓고 끌고 갔다. 그리고 종착지점에 다다르면 이들을 죽이는 것으로 행진을 마무리했다. 〈로마의 소나무〉 4악장을 마무리하는 심벌즈의 징소리는 적장의 목을 치는 처형의 순간을 묘사한다. 다행히도 음악이 불러낸 군대는 사람을 죽이진 못한다.

07 18~19세기·21세기 | 니스 프롬나드 데 장글레

휴양지에서도 빈민 구제는 마땅히 할 일이오

니스 프롬나드 데 장글레

따뜻한 니스를 찾은 이는 상류층뿐만 아니었다. 굶거나 얼어 죽을 위기에 처한 빈민들도 니스로 내려와 생존의 희망을 지나가는 부자 산책자들에게 걸었다.

도시인들이 바닷가를 산책하는 낭만을 즐긴 역사는 그리 길지 않다. 고대부터 중세를 거쳐 근세까지, 바다에 인접한 도시들은 아무리 바다 경치가 멋지다 해도 그것을 즐길 여유가 없었다. 도시들의 생존을 위해서는 바다에서 배를 타고 와서 공격하는 적을 막기 위해 요새를 짓고 방벽으로 해변을 막아야만 했다. 군함이 개량되어 해군이 적과 먼 바다에서 맞설 수 있게 된 시대가 된 후에도, 바닷가 모래사장이 곧바로 휴식의 장소로 전용되지는 않았다.

시간과 돈이 여유 있는 사람들의 관심을 먼저 끈 것은 하얀 모래사장이 아니라 짠 바닷물이었다. 가장 일찍 주목을 받은 바닷물은 섬나라 영국 잉글랜드 남동쪽 끝에 있는 브라이튼Brighton 해변의 바닷물이었다. 브라이튼의 바다가 유명해진 것은 이 지역 루이스Lewes 출신 의사인 리처드 러셀Richard Russell 덕분이었다. 의사 러셀은 1740년대부터 이런저런 질환과 불편함을 호소하는 환자들에게 늘 똑같은 처방을 해줬다. '가까운 브라이튼으로 가서 바닷물에 몸을 담가 보시지요. 병이 나을 것입니다.' 증상이 심각한 환자에게는 바닷물을 마셔보라고도 했다. 러셀은 바닷물의 의학적 효능을 설파한 저서를 1750년에 출간했고, 본인도 루이스에 있던 자기 병원을 1753년에 브라이튼의 만병통치약 바닷물 곁으로 옮겼다.

브라이튼 같은 바닷가 휴양도시를 영국인들은 '물 하는 곳watering place'이라 불렀다. '물 하기'에 바닷물 마시기까지 포함되는 경우는 많지 않았으나, 바닷물에 몸을 담그면 신경통이 낫는다는 믿음은 금전적으로 여유 있는 남녀 중년 사이에서 상당히 견고하게 자리 잡았다.

바닷물과 친숙해진 섬나라 영국인 중 여유 있는 정도가 아니라 평생 다 쓰기에도 버거울 정도로 돈이 많은 상류층은 좀 더 따듯한 바다를 찾아 남부 프랑스 니스Nice로 하나둘씩 모여들었다. 이들은 니스의 '오션뷰' 저택과 아파트들을 사놓거나 장기 임대했다. 영국과 프랑스가 전쟁을 할 때도 니스에서 휴가를 보내는 것은 방해받지 않았다. 1860년까지 니스는 사부아Savoie에 편입돼 있었기에 프랑스 영토가 아니었다. 날씨 좋은 니스는 해변을 즐기기에 좋은 도시였다. 18세기 초에 니스를 에워 쌓던 방벽과 요새를 다 헐어놨기에 도시와 해변 사이는 시원하게 뚫려 있었다.

당시 영국의 상류층들이 니스에 가장 많이 모이는 계절은 겨울철이었다. 이들은 습하고 어둠침침한 영국의 겨울 날씨를 '아랫것'들에게 물려주고, 이 온화한 해변 도시에서 밝은 햇살과 맛있는 요리를 즐겼다. 돈 많은 영국인들만이 니스의 따듯한 날씨를 선호한 것은 아니었다. 1820년 지독한 겨울이 니스 북쪽의 유럽을 강타하자, 굶어죽거나 얼어 죽을 위험에 처한 빈민들이 니스로 내려왔다. 이들은 길거리에 자리를 깔고 마지막 생존의 희망을 지나가는 부자들의 자비심에 걸었다.

이 광경을 안타깝게 여긴 현지 영국인 교회의 루이스 웨이Lewis

Way 목사는 니스 시 당국에 제안했다. '구걸하는 실업자들을 모아서 도로를 닦는 일을 시킵시다. 우리 교회가 공사비를 대겠소.' 루이스 목사는 옥스퍼드 대학 출신 엘리트로, 소송대리 변호사이기도 했다. 그는 기독교 교리뿐만 아니라 실무와 실리에도 정통했다. 그리고 교인들은 돈 걱정 따위 전혀 없는 영국의 상류층들이었다. 니스 당국이 루이스 목사의 매력적인 제안을 거절할 이유가 없었다.

결국 해변을 따라 길게 산책로를 만드는 공사가 시작됐다. 최초의 '프롬나드 데 장글레'의 길이는 지금보다 훨씬 더 짧았다. 1840년대, 1870년대, 1900년대까지 조금씩 길이가 연장되고 도로 폭이 넓어진 모습이 오늘의 '프롬나드 데 장글레'다. 이 산책로의 이름은 처음에는 니스 방언인 프로방스 말로 '카민 데이스 앙글레스Camin deis Anglés'(영국인 길)로 불리다가 사부아 왕실이 이탈리아와 깊숙이 연루돼 있던 1850년대는 '룽고마레 델리 잉글레시Lungomare degli Inglesi'(영국인 해변로)로, 다시 1860년에 니스가 프랑스로 편입된 후에는 '프롬나드 데 장글레Promenade des Anglais'(영국인 산책로)로 바뀐다.

니스에서 휴가를 보내던 영국 상류층들은 조상들의 부와 함께 자선의 의무도 물려받은 이들이었다. 부유한 교인들의 기독교도로서의 이웃 사랑 실천과 담임 목사의 공익 증진 실용주의가 결합해서 탄생한 프롬나드 데 장글레. 그런데 이곳이 21세기에 충격적인 공격을 당한다.

2016년 7월 14일 저녁, 프랑스 혁명 기념일. 숱한 남녀노소 시민들과 관광객들이 보행자 전용 도로인 산책로에서 혁명 기념일 폭죽

프롬나드 데 장글레에서 바라본 니스 해변

을 구경하고 있었다. 이때 갑자기 트럭 한 대가 사람들에게 달려들었다. 운전자의 목적은 차로 사람을 쳐서 죽이는 것이었다. 31세의 이슬람 과격파 테러리스트가 트럭을 몰았다. 일반 차량은 못 들어오지만 배달용 차량은 허용된다는 사실을 이용해서 테러리스트는 큼직한 택배 트럭을 빌렸다. 그는 트럭으로 사람을 뭉개고, 운전석에서 총질을 해댔다. 그리고 경찰에게 사살당할 때까지 무려 86명의 무고한 생명을 빼앗는 데 성공했다. 부상당한 인원도 430여 명.

니스의 프롬나드 데 장글레를 피로 물들인 테러리스트는 튀니지에서 온 이민자로, 2005년부터 니스에서 살던 택배 트럭 기사였다. 그는 범행 이틀 전인 7월 12일, 범행 장소 답사를 하며 해변을 배경으로 핸드폰 '셀카'를 찍었다. 알라의 이름으로 사람을 죽일 계획을 갖고 있던 그가, 프롬나드 데 장글레를 생지옥으로 만들어놓기 전에 이 아름다운 거리에 대한 마지막 경의를 표했던 것일까.

CODE 7

꿈

01 11세기·13~14세기 | 피렌체 산미니아토 알 몬테

교회의 발 아래로 도시가 펼쳐지듯

산미니아토 알 몬테

산미니아토 알 몬테 앞에 서서 도시를 내려다보면,
교만과 야심의 르네상스 도시 피렌체가
단테가 꿈꾸던 도시와 조화되는 순간이 눈앞에 펼쳐진다.

문학은 꿈이다. 작가의 상상력으로 그려본, 없으나 있을 법한 세상. 보이지 않으나 꿈 속, 비전 속에서 보이는 세상. 문학의 꿈 중에서 단테의 『신곡』은 가장 장대한 꿈이다. 사후 세계를 그려본 그의 꿈은 이 세상을 달리 보려는 다른 작가들의 꿈과는 차원이 다르다. 단테는 내세에서 펼쳐진 정의의 질서를 꿈꾸며 이 세상의 변화도 꿈꾼다. 영원한 하느님의 도시로 여행하는 여정에서 그는 자신을 추방한 피렌체를 늘 뒤돌아본다. 피렌체여, 밉고도 사랑스런 내 고향. 시기심과 당쟁, 탐욕으로 찌들어 있는 도시, 그러나 나를 키운 공동체(물 2장 참조).

천국으로 가는 여행의 두 번째 관문 연옥. 끔찍한 지옥을 안내자 베르길리우스의 인도로 겨우 통과한 단테는 높은 산의 모습을 한 연옥을 힘겹게 올라가야 한다. 연옥 산은 한 층에서 그 다음 층으로 이어지는 계단들로 구성된다. 베르길리우스와 함께 두 번째 층으로 올라가던 단테는 자신의 발걸음이 처음 출발할 때보다 가벼워짐을 느낀다. 그의 이마에서 교만의 죄를 나타내는 징표가 지워진 까닭이다. 연옥은 죽은 영혼들이 세상살이가 묻혀놓은 각종 죄의 심성을 씻어내는 순화의 세계. 연옥 여행자 단테도 아직은 살아 있으나 순화의 과정을 거쳐야만 정상까지 오를 수 있다. 가장 먼저 무거운 죄인 교만의 짐에서 벗어났다.

한결 간편하게 연옥 계단을 오르는 단테. 그 순간의 쾌적한 느낌은 그의 기억 속에서 고향 피렌체의 한 풍경을 소환한다. 단테가 묘사한 연옥의 계단은,

> 마치 그 교회가 앉아 있는 산으로 올라갈 때,
> 가파른 경사를 계단이 가로지르며,
> 교회의 발아래로 루바콘테 건너 잘 다스려지던
> 도시가 펼쳐지듯 (「연옥」 12곡)

순탄하게 연옥의 다음 층으로 연결되어 있다.

이곳이 어디인지, 어떤 산이고 어떤 교회인지 단서를 제공하기 위해 단테가 밝혀놓은 이름은 '루바콘테Rubaconte'. '루바콘테'는 루바콘테 다리, '폰테 디 루바콘테'를 지칭한다. 1227년에 처음 지은 돌다리로 '오래된 다리'란 뜻의 '폰테 비키오'보다도 더 오래된 다리다. 14세기 단테가 「연옥」을 쓸 당시의 이름인 '루바콘테'는 19세기에 '폰테 알레 그라치에Ponte alle Grazie'로 바뀐다. 현재의 모습은 1957년에 재건축한 것이나, 그때까지 700여 년간 원래 모습 그대로 아르노의 홍수들을 능히 견뎌낸 탄탄한 다리였다.

원래 피렌체는 아르노 강 북쪽에 펼쳐져 있었다. 루바콘테를 건너 산을 오르면 피렌체 시내가 한눈에 들어온다. 오늘날 피렌체 관광 코스에 포함된 '미켈란젤로 광장'이 이 언덕에 조성되어 있다. 미

산미니아토 알 몬테에서 바라본 피렌체

켈란젤로 광장에서 조금 더 위쪽, 오른편으로 걸어가면 단테가 말한 '교회'가 나온다. 이름은 '산미니아토 알 몬테San Miniato al Monte', 즉 '산 위의 성 미나스 교회'. '루바콘테'보다 더 오래된 이 고색창연한 로마네스크 교회의 터는 순교자 성 미니아토가 암자를 파고 수도하던 곳이다. 교회는 1013년에 세워졌다. 파리의 순교자 생 드니는 언덕에서 잘린 머리를 번쩍 들고 걸어 내려간 반면(돌 7장 참조), 피렌체의 순교자 성 미니아토는 아래쪽 도시에서 잘린 머리를 들고 묵묵히 언덕 위 암자로 올라갔다. 순교자를 기념해서 지은 교회와 베네딕도회 수도원이 같이 붙어 있다. 성 미니아토가 기도하던 자리를 오늘날에도 수도사들은 1,000년 넘게 지키고 있다.

산미니아토 알 몬테의 돌계단

미켈란젤로 광장에서 보는 피렌체 풍경도 근사하지만, 산미니아토 알 몬테 앞의 자그마한 광장에서는 더 넓은 시야에 도시를 담을 수 있다. 산미니아토까지는 산 밑에서부터 돌계단으로 연결되어 있다. 단테가 「연옥」에서 이곳 계단을 언급한 이유는 두 가지였다. 첫째는 연옥을 계단으로 이어지는 높은 산으로 상상한 그의 꿈이 산미니아토로 오르는 계단에서 영감을 얻었음을 시사하기 위해서였다. 둘째는 산 미니아토의 발아래에 펼쳐진 도시는, 적어도 교회가 세워진 11세기에는 '잘 다스려진' 정의로운 도시였고, 원래 정의로운 곳이어야 함을 강조하기 위해서였다.

산미니아토 알 몬테가 언덕 위에서 굽어보는 도시 피렌체. 그곳은 메디치와 마키아벨리의 도시 피렌체가 아니다. 교만과 돈, 야심과 음모의 길과는 다른 길로 갔을 가상의 도시다. 단테가 꿈꾸는 소박하고, 검소하고, 정의로운 도시. 그곳의 수도사들처럼 기도와 노동으로 하느님을 섬기는 도시.

단테의 꿈은 실현되지 않았으나 기능과 미학이 적절히 조화된 피렌체는 여전히 꿈의 도시다. 산미니아토 알 몬테 밑에 펼쳐진 메디치와 마키아벨리의 르네상스 도시 피렌체도 고층 콘크리트 건물과 아스팔트 위를 달리는 자동차 행렬에 감금된 현대 도시가 꿈꾸는, 꿈꿔야 할 도시다.

산미니아토 알 몬테 앞에 서 있으면, 교만과 야심의 르네상스 도시 피렌체가 단테가 꿈꾸던 중세 도시와 조화되는 순간을 체험할 수 있다. 정시마다 교회의 종이 울리다가 정오에는 종소리가 열두 번 울려 퍼진다. 같은 순간, 발아래 피렌체의 모든 교회들도 산 위의 종소리에 화답한다. 루바콘테(그라치에) 다리 바로 건너 보이는 산타크로체에서, 도시 한가운데 당당히 서 있는 두오모 종탑에서, 두오모 뒤편 왼쪽의 산로렌초, 거기서 더 북쪽의 산마르코, 서쪽의 산타마리아 노벨라, 산타트리니타, 아르노 강 남쪽 산토스피리토에서. 종소리로 만나는 도시의 화음. 피렌체 교회당의 종들은 단테의 꿈인 '잘 다스려진' 하느님의 도시를 아직도 꿈꾸고 있다.

02 16세기 | 바티칸 시스티나 경당

심판의 날에 저의 죄를 묻지 마소서

바티칸 시스티나 경당 천장화

시스티나 경당의 〈최후의 심판〉을 올려다본다.
그날에 나는 어디에 있을까.
하늘로 올라가는 저 사람들과 함께?
아니면 지옥으로 끌려가는 무리와 함께?

19세기에 실현된 이탈리아의 통일은 통일을 꿈꾸던 정치인들에게는 크나큰 기쁨이었다. 그러나 가톨릭교회의 수장이자 로마 및 중부 이탈리아의 군주였던 교황에게는 악몽이었다. 새로 조성된 이탈리아 왕국이 교황의 영토를 모조리 뺏고 남겨놓은 땅은 로마 테베레강 왼편 바티칸뿐이었다. 교황의 영토를 뺏은 새 정권은 교회도 자기들 맘대로 주무를 참이었다. 당시 교황 비오Pius 9세는 순전히 영적인 권위 하나를 무기로 로마에 진주한 통일 이탈리아 정부로부터 바티칸의 자치권을 지켜냈다.

그렇게 살아남은 바티칸은 나라 속의 나라, 도시 속의 도시로 불린다. 이 좁은 터전에는 지상과 천상, 현세와 내세가 중첩되어 있다.

오늘날 바티칸을 찾는 인파의 상당수는 가톨릭교회의 고향을 찾아온 순례자들이 아니다. 이들이 경배하는 대상은 바티칸 박물관의 소장품들, 특히 라파엘로와 미켈란젤로의 작품들이다. 그러나 모든 방문객이 반드시 들르는 바티칸 박물관의 클라이맥스, 시스티나 경당Capella Sistina에서는 종교와 예술의 구분이 무의미하다.

천장과 벽을 가득 메운 프레스코 벽화들. 천장을 올려다본다. 한 인간의 손이 만들어낸 작품이 이렇게 장대할 수 있을까? 벽을 바라본다. 〈최후의 심판〉. 그날에 나는 어디에 있을까? 하늘로 올라가는 저 사람들과 함께? 아니면 지옥으로 끌려가는 무리와 함께?

벽화가 완성된 모습을 처음 본 교황 바오로Paolo 3세의 반응도 오늘날의 관람객과 크게 다르지 않았다. 1541년, 화가가 작업대를 걷어내고 벽화를 공개하자 교황은 자리에 무릎 꿇고 기도했다. "주여, 심판의 날에 저의 죄를 묻지 마소서!"

시스티나에 남긴 미켈란젤로의 걸작, 천장 프레스코와 벽화 프레스코는 같은 화가의 업적이지만, 성향과 느낌이 사뭇 다르다. 천장을 뒤덮은 구약 창세기 장면들은 균형 잡힌 신체와 안정된 구도가 돋보인다. 자비로운 노인의 모습을 한 창조주가 건장한 청년 아담을 빚어내고 손가락을 뻗어 생명을 불어넣어 준다. 금지된 과실을 먹고 낙원에서 쫓겨나는 아담과 이브. 두 남녀는 슬프지만 차분하다.

그러나 벽화는 전혀 다른 세계를 펼친다. 구원받은 영혼들을 천국으로 끌어올리고, 저주받은 영혼들을 지옥으로 내던지는 예수의 두 팔. 상체와 하체는 균형을 이루지 않는다. 심판자 예수 곁에 움츠리고 있는 성모. 더 이상 중재자 역할을 포기한 듯 고개를 돌리고 있다. 상승하는 몸들과 하강하는 몸들. 영생과 영벌이 갈리는 치명적 순간. 자신의 절망적 처지를 깨달은 공포의 표정들.

천장 프레스코의 반을 1511년, 나머지 반을 1512년에 공개할 때 미켈란젤로는 아직 30대의 젊은 화가였다. 그에게 이 일을 시킨 교황 율리우스 2세는 처음에는 예수의 열두 제자를 그려보라고 제안했다. 화가의 야심이 만족할 수 없는 주문이었다. "싫습니다. 역사의 시작, 우주와 인간의 창조를 그리겠습니다." 교황은 천재 화가의 고

미켈란젤로, <최후의 심판>, 1534~1541년

집을 꺾지 못했다.

미켈란젤로가 한참 시스티나 천장 프레스코 작업을 하던 1510년. 마르틴 루터라는 이름의 독일인 아우구스토회 수도사가 로마를 방문한다. 난생 처음 와본 로마. 소속 수도회가 보낸 출장이었다. 화려한 르네상스 도시 로마를 보고, 루터는 환멸과 분노에 사로잡힌다. 성당을 이교도 신전처럼 지어놓다니! 추기경들은 어찌 저리 거만하고 사치스러울까! 이 짓들을 하려고 면죄부 장사를 한단 말인가? 독일로 돌아간 루터. 그의 주도 아래 1517년 이후 전개된 일련의 사건들은 결국 그리스도의 교회를 둘로 갈라놓는다(돌 5장, 돈 3장 참조).

루터가 종교개혁을 주도할 무렵 로마의 교황은 메디치 가문 출신 레오Leo 10세였다. "하느님이 교황을 시켜주셨으니, 한번 잘 즐겨보세!" 교황에 선출되자마자 한 말이다. 메디치 교황답게 레오 10세는 최고급 예술품을 수집하며 삶을 즐겼다. 1523년, 교황 자리는 또 다른 메디치 가문의 교황 클레멘스Clemens 7세에게로 간다. 클레멘스 7세도 "한번 잘 즐겨보세!"의 정신을 멋지게 실천할 참이었으나 뜻대로 되지 않았다.

1527년, 로마는 교황들이 이 도시를 다스린 이후로 가장 끔찍하고 가장 참혹한 고초를 당한다. 그해 5월부터 이듬해 2월까지 이어진 '로마 약탈Sacco di Roma'. 숱한 겁탈과 살육, 방화와 파괴의 연속이었다. 교황이 신성로마 제국 황제 카를로스 5세에게 대든 대가는 혹독했다. 황제의 독일인 용병들은 로마로 진격했다. 이미 루터의 개신교를 받아들인 용병들은 루터를 분노하게 한 르네상스 도시 로마를 마음놓고 짓밟았다.

독일 병정들이 교회와 수도원을 파괴하고, 수녀들을 겁탈하고, 귀부인들을 납치해 매춘을 강요할 동안, 교황은 '산탄젤로 성Castel Sant'Angelo'으로 피신해 성문을 걸어 잠근 채 목숨만 겨우 부지했다. 용병들이 떠난 로마의 모습은 처참했다. 인구는 반토막 나 있었다. 사망자 수는 12만 명, 강간당한 여인도 수천 명에 이르렀다. 그리고 무너진 교회들과 불에 타 잿더미가 된 저택들이 사방에 널려 있었다. 메디치가 교황들의 "한번 잘 즐겨보세!"가 통할 르네상스 로마는 더 이상 남아 있지 않았다.

기적적으로 시스티나 경당은 멀쩡했다. '로마 약탈'의 후유증을 아직 앓고 있던 바티칸에서 얼굴에 겹겹이 주름살이 새겨진 화가는 〈최후의 심판〉을 1535년부터 그리기 시작했다. 20여 년 전 그는 천장 프레스코에 인류 역사의 시작을 그려놓았다. 역사는 이제 종말에 봉착했다. 개인의 삶도 종말을 예비해야 했다. 당시 미켈란젤로의 나이는 60세. 언제 닥칠지 모르는 죽음을 의식할 나이였다.

미켈란젤로가 제시한 종말의 비전에는 르네상스 로마를 파괴한 '로마 약탈'의 악몽이 어른거린다. '한번 잘 즐겨본' 삶에 대한 심판은 반드시 이루어진다. 인간의 모든 성취와 자랑이 무색해지는 마지막 순간. 거대한 벽화 속에 뒤틀리고 뒤엉켜 있는 육체들. 그들은 이 마지막 순간에 르네상스가 탐닉했던 화려함과 쾌락, 허세와 사치가 허황된 꿈에 불과했음을 뒤늦게 깨닫는 중이다.

03 18~19세기 | 빈 케른트너토어 극장

선생님,
연주가 끝났는데요

케른트너토어 극장 자리에 들어선 호텔 자허

1824년 케른트너토어 극장에서 초연된 <합창>.
음악은 끝났고 객석에서는 우레 같은 박수가 쏟아진다.
그러나 베토벤은 계속 악보를 넘기며 박자를 맞추고 있다.
그는 자신이 만든 위대한 음악을 들을 수 없었으므로.

오케스트라 뒤편에는 네 명의 성악가와 합창단이 앉아 있다. 교향곡 각 악장의 주제는 단호하고 비장하게, 제기된 문제를 회피하지 않는다. 마지막 악장에 도달한 교향곡은 앞의 주제들을 잠시 떠올리더니 이내 자신의 주제를 찾아낸다. 그것이 모든 문제에 대한 최종적인 결론? 기악만으로 전개되던 음악의 대화에 갑자기 사람의 목소리가 끼어든다. "친구들이여, 이런 소리들 말고, 좀 더 상쾌하고, 좀 더 기쁜 소리들을 내보자고! 기쁨!" 바리톤 솔로가 외치자, 합창단이 대답한다. "기쁨!" 바리톤은 연달아 다음과 같은 가사를 노래한다.

> 기쁨이여, 신성한 빛을 받은 천상의 딸이여,
> 우리는 당신의 신전으로 들어갑니다!
> 당신의 마법은 관습이 엄격히 갈라놓은 것들을
> 하나로 합치니, 모든 인간은 형제가 될 것입니다.
> 당신의 부드러운 날개가 펄럭이는 곳마다.

합창단과 관현악단, 솔리스트들이 함께 또는 따로 악장의 주제를 이어간다. 가사는 계속, 더욱더 고상한, 웅대한 화합의 꿈을 노래한다.

백만 인이여, 포옹하라!
이 키스는 온 세상에 보낸다!
형제들이여, 별 촘촘한 하늘 위엔
우리를 사랑하는 아버지가 살고 계실 것이다.
백만 인이여, 그분에게 절하는가?
세계여, 그대의 창조주를 느끼는가?

마침내 합창과 오케스트라는 함께 종점에 이른다. 정지된 음악. 객석에서 쏟아지는 우레와 같은 박수. 그러나 지휘자는 잠시 머뭇거린다. 관현악단을 지휘하는 사람은 작곡가가 아니다. 작곡가는 무대 앞에 마련된 의자에 앉아 있다. 그는 악보를 넘기며 박자를 맞추는 것으로 연주에 참여했다. 연주가 끝났으나 그는 아직 악보를 넘기며 박자를 맞추고 있다. 귀먹은 작곡가. 작곡가는 자신이 만든 이 위대한 음악을 전혀 들을 수 없다.

1824년 5월 7일, 빈의 케른트너토어Kärntnertor 극장에서 베토벤Ludwig van Beethoven의 9번 교향곡 〈합창〉을 초연하던 당시의 광경이다. 케른트너토어는 1709년에 빈 구시가지 인네레슈타트Innere Stadt에 지어졌다. 황실이 아닌 빈의 시 당국이 지은 '시민극장'으로 출범했으나, 황실의 후원 및 간섭으로부터 자유롭지는 못했다.

결국 빈 시는 이 역사적인 케른트너토어 극장을 철거했다. 새 궁정 오페라 극장(지금의 빈 국립 오페라 극장)이 1869년에 완공되어 개장하자, 이듬해 케른트너토어를 철거하고 만 것이다. 철거 후에 그 자

카를 벤젤 자이체크, <케른트너토어 호텔>, 1923년

리를 넘겨받은 부동산 개발업자는 직사각형 아파트 건물을 올렸다. 그 건물이 19세기 말부터 호텔로 사용됐다.

빈의 케른트너토어 극장 자리에 들어선 값비싼 5성급 호텔 자허Hotel Sacher. 이곳을 이용하는 부유한 여행객들 중 귀 먹은 작곡가의 예술 투혼을 떠올리는 이들이 얼마나 될까? 호텔 자허 투숙객의 문화 수준이 어떠하건 간에, 그 터에서 울려 퍼졌던 교향곡 〈합창〉의 작곡가와 그에게 영감을 준 시인의 꿈은 크고도 아름다웠다.

베토벤이 가사로 사용한 쉴러Friedrich Schiller의 「환희의 송가」의 원제목을 그대로 옮기면 '기쁨에게An Die Freude'이다. '기쁨'을 의인화한 쉴러의 1785년 시는 자애로운 창조주 밑에서 온 인류가 형제처럼 지내는 조화로운 세계를 꿈꾼다. 인류의 보편적 형제애를 노래한 쉴러는 몇 년 후에 발발한 프랑스 혁명에 깊은 충격을 받는다.

'자유, 평등, 형제애(또는 박애)'를 외치며 동포 형제들을 단두대로 끌고 간 혁명 세력(피 3장 참조). 혁명 세력과 이들의 전쟁을 계승한 나폴레옹은 이웃 나라들을 "백만 인을 포옹"하는 대신 총칼로 제압했다. 이들은 "별 총총한 하늘 위"에 "우리를 사랑하는" 창조주가 있다는 믿음을 야만적인 미신으로 단정했다. 혁명 세력은 이러한 미신을 유포하는 교회의 재산을 몰수하고, 사제들과 수도사들을 수없이 죽였다(돌 7장, 불 5장 참조). '이성'을 새 신으로 섬긴다는 프랑스 혁명 세력의 야수성에 질린 쉴러는 1790년대에 『인간의 미적 교육에 대한 편지』를 쓴다. "예술을 통하면 이성의 냉정함, 감각적 삶의 맹목성, 이 양자를 모두 극복, 조화시킬 수 있다. 혁명은 실패했지만 예술은 세상을 구원할 것이다." 쉴러는 이렇게 주장했다.

프랑스 혁명과 나폴레옹 전쟁의 소용돌이가 다 지나간 1824년, 베토벤은 〈합창〉을 초연했다. 백만 인이여, 포옹하라? 그러나 프랑스 혁명군이 이웃 나라와 싸움을 시작한 1792년부터 나폴레옹이 몰락한 1815년까지, 전쟁은 수백 만 명의 목숨을 앗아갔다. 그럼에도 베토벤은 모든 인간이 한 형제처럼 화평하게 사는 이상사회의 꿈은 아직 유효함을 선포했다. 그는 쉴러가 믿었듯이 인류의 희망은 오로지 예술에만 있음을 입증하려 했던가?

1824년 초연 때 베토벤의 9번 교향곡은 그의 〈장엄 미사Missa

Solemnis〉의 세 악장과 같이 공연됐다. 합창과 솔리스트 중창을 대규모 오케스트라가 지탱하는 〈장엄 미사〉는 〈합창〉과 음악적 구성이 같다. 오늘날 베토벤 〈합창〉을 초연 당시처럼 〈장엄 미사〉와 같이 연주하는 경우는 드물다. 그러다 보니 합창단과 성악가 넷은 4악장이 올 때까지 묵묵히 무대에 앉아서 기다려야 한다. 1824년 공연은 달랐다. 합창단과 솔리스트가 먼저 연주한 〈장엄 미사〉에서 대활약을 하고 나서 교향곡 마지막 악장에 참여했다.

〈장엄 미사〉는 실제 미사에서 쓰기에는 너무 길고 스케일이 크지만, 하느님을 경배하는 교회 음악이다. 베토벤의 〈장엄 미사〉는 쉴러가 노래한 "우리를 사랑하는 아버지"를 믿는 이들이 모여 그의 외아들 예수의 죽음과 부활을 통한 인간의 구원에 감사하는 예배 순서를 따른다. 1824년에는 〈장엄 미사〉의 세 악장을 선보였다. 키리에 Kyrie, 크레도Credo, 아뉴스 데이Agnus Dei. 각기 예수에게 자비를 구하고, 그리스도에 대한 신앙을 고백하고, 우리를 위해 자기 몸을 속죄 제물로 내준 예수를 기념하는 미사의 처음, 중간, 마지막이다. 1824년 케른트너토어 극장 무대의 오케스트라와 합창단, 솔리스트들은 "모든 인간은 형제가 될" 희망을 노래하기 전, 먼저 모든 인간을 위해 십자가에 달린 예수를 찬미했다.

별이 촘촘한 하늘을 보며 창조주를 느끼지 않고, 예수의 희생과 사랑을 조롱하는 시대에도 모든 인간이 형제가 될 수 있을까? 베토벤은 〈합창〉을 〈장엄 미사〉의 핵심적인 세 악장과 함께 무대에 올림으로써 이 물음에 답했다.

04 19세기 | 맨체스터 시청사

계급 갈등의 산사태를 무엇으로 막을 수 있겠소?

맨체스터 시청사

맨체스터는 비록 정식 도시가 된 역사는 짧지만,
런던이나 에든버러처럼 유서 깊은 도시처럼 보이고 싶었다.
그 꿈은 고딕 양식의 맨체스터 시청사에 담긴다.

독일 바르멘Barmen의 공장주 프리드리히 엥겔스Friedrich Engels의 집안에서 어머니의 꿈은 소박했다. 남편이 소유한 독일과 영국의 면직 공장들이 잘 되고, 아들이 남편의 사업을 물려받고, 본인은 죽어서 천국에 가는 것. 어떻게? 예수 그리스도를 구세주로 믿음으로써.

아들의 꿈은 전혀 달랐다. 죽은 후에 간다는 천국 따위는 믿지 않았다. 그의 꿈은 이 세상을 천국으로 만드는 것. 아버지의 공장에서 일하는 노동자들이 아버지처럼 잘사는 세상을 만드는 것. 어떻게? 노동계급의 투쟁과 혁명을 통해서.

아버지 엥겔스 사장님은 1842년, 자신이 지분을 갖고 있는 맨체스터Manchester 공장에서 일을 배우도록 스물두 살 먹은 아들을 영국으로 보낸다. 아들의 이름도 프리드리히. 가업을 이어갈 사랑하는 아들. 지금은 엉뚱한 사상에 빠졌지만, 현장에서 뛰다 보면 꿈에서 깨어나겠지.

아버지의 계획은 어긋난다. 아들은 맨체스터에서 공장 경영 수업을 받던 중 그곳의 여성 노동자 매리 번즈Mary Burns와 눈이 맞는다. 매리는 엥겔스와 꿈이 같은 아일랜드 사람. 매리가 세상을 뒤엎을 꿈을 꾸는 것이야 당연했다. 장시간의 열악한 노동 후 판잣집에서 자야 하는 신세인 데다가 평생 노동해도 형편이 나아질 가능성은 없었다. 둘은 동거에 들어간다. 단, 결혼식은 올리지 않는 조건으로. 혼인이란 민중의 아편인 기독교가 지어낸 족쇄이므로.

공장주 아들 엥겔스는 맨체스터의 빈민가를 둘러본다. 노동계급의 거주지 사정을 너무나 잘 아는 동거인 매리의 안내로, 노동계급의 열악한 거주 환경을 자기 눈과 코로 생생하게 확인한 사회주의자는 『영국 노동계급의 형편』을 1845년 독일에서 출간한다. 그는 이 책에서 다음과 같이 증언한다.

> 도시 어디를 가나 반쯤 허물어진 건물들에 계단도 망가져 있고, 창문도 창틀과 제대로 맞지 않고, 오물은 어찌나 많은지! 어디를 가나 쓰레기, 찌꺼기, 대소변이 뒤엉켜 있다. 그냥 냄새만 맡아도 조금이라도 문명화된 인간이라면 거기 사는 것이 불가능하다.

오죽하랴. "조금이라도"가 아니라 매우 고도로 문명화된 부잣집 아들 프리드리히는 그냥 냄새만 맡아도 쓰러질 지경이었다. 이러한 형편에 처한 노동계급. 결론은 너무나 명백하지 않은가?

> 평화적으로 해결하기에는 너무 늦었다. 계급 간의 괴리는 더 심하고 예리해지며, 저항의 정신은 노동자들을 파고들다가 약간의 자극이라도 주면 충분히 산사태를 일으킬 것이다.

이 책은 이렇게 결론을 내렸지만, 엥겔스가 맨체스터에서 당장 이 '산사태'를 촉발하는 데 진력한 것은 아니다. 혁명은 혁명이고 아버지의 공장은 잘 돌아가야 했다. 메리 번즈도 이제 공장에 나가지 않았다. 그녀가 꿈꾸던 대로 세상이 확 바뀌지는 않았으나, 매리 개인의 처지는 확연히 개선됐다.

한편, 맨체스터도 이렇듯 더럽고 악취 나는 형편에 안주한 것은 아니었다. 사실 맨체스터도 따지고 보면 피해자다. 이곳은 원래 정식 도시도 아닌 지방 읍내였다. 18세기 초만 해도 인구는 고작 1만 명. 18세기 말이 되자, 갑자기 인구가 열 배로 늘어나 있었다. 산업혁명 덕분에 갑자기 이곳에 우후죽순 면직 공장이 들어선 것이다. 엥겔스가 이곳에 처음 온 1840년대에는 그 누구도 감당할 수 없는 지경이 되어 있었다.

맨체스터는 1838년에 정식 자치 도시로 출범했다. 시의회 의석은 주로 공장주들이 차지했으나, 이들도 냄새나고 지저분한 도시를 그대로 방치할 뜻은 없었다. 이들은 영국을 새로운 산업화 시대로 이끄는 선도자로서의 자부심이 대단했다. 시정부는 도시의 기반시설과 공중위생을 손봤고, 치안에도 신경을 썼다.

맨체스터의 노동자들도 계급 전쟁의 전사로 나서지는 않았다. 1824년, 독지가와 기술자, 사업가들이 연합하여 '맨체스터 기계공 연수원Mechanics' Institute'을 세우자, 지식에 굶주린 노동자들은 퇴근 후 이곳에 모여들어 학구열을 불태웠다. 1846년, 섬유공장으로 큰돈을 번 존 오웬스John Owens가 세상을 떠나며 거액의 기금을 이 '연수

맨체스터 기계공 연수원, 1825년

원'에 기부한다. 이 기금이 토대가 되어 맨체스터 '기계공 연수원'은 맨체스터 '대학'으로 발전한다.

맨체스터 시정부는 1863년, 규모는 물론이요, 외양도 영국 최고 수준인 공공건물을 짓기로 결정한다. 1877년, 드디어 시내 한복판에 새 시청 건물이 위용을 드러낸다. 건물은 마치 수백 년 전에 지은 고딕 성당 같은 모습이었다. 맨체스터는 비록 정식 도시가 된 역사는 짧지만, 런던이나 에든버러처럼 유서 깊은 도시들처럼 보이고 싶은 꿈이 있었다. 그 꿈을 담은 고딕 양식의 맨체스터 시청사Manchester Town Hall. 당시는 물론이요, 오늘날에도 맨체스터 시민들이 가장 사랑하는 건물이다.

엥겔스는 1864년부터 부친의 맨체스터 공장을 물려받아 직접 경영했다. 자신과 같은 꿈을 꾸는, 그러나 정식 수입이 없는 친구 카를 마르크스Karl Marx는 돈 잘 버는 사회주의자 공장주 덕을 톡톡히 봤다. 엥겔스는 1870년부터 맨체스터를 떠나 런던 고급 주택가에서 살았다. 경영에서 손을 떼고 수익금만 챙기는 편안한 위치에서, 그는 공산주의 꿈을 피력한 저서를 쓰고, 고급 와인을 즐기며, 사뭇 행복한 생활을 했다. 엥겔스는 1863년에 매리가 죽은 후로는 매리의 여동생을 데리고 살았다.

그가 75세 나이로 죽었을 때, 실컷 쓰고 남은 돈은 25만 265파운드. 2019년 금전 가치로 환산하면 300만 파운드(한화 44억 7,000만 원)에 육박하는 금액이다. 엥겔스가 모은 재산의 원천은 부친이 소유했고 그가 물려받은 공장에서 노동자들이 수행한 노동이었다.

05 20세기 | 마르세유 시테 라디우스

균등하게, 반듯하게, 단조롭게

시테 라디우스

도시의 가난한 자들에게 집다운 집을 지어주자.
하지만 위생과 채광, 기능만 고려하자.
장식과 아름다움은 과거의 미신이니.

철근 콘크리트는 그의 사랑이자 종교였다. 신이 존재하지 않음을 가슴 깊이 믿는 스위스 출신 건축가 르 코르뷔지에Le Corbusier의 신앙은 확고했다. 다만, 그 신앙의 대상이 기독교 신앙과 달랐을 뿐이다. 르 코르뷔지에는 첫째로 철근 콘크리트가 인류의 축복임을, 둘째로 철근 콘크리트를 활용한 자신의 설계가 절대로 옳음을, 셋째로 세상이 자기 식으로 변할 것임을 굳게 믿었다.

수천 년 유럽 도시들의 건축 재료였던 석재와 벽돌 대신, 철근 콘크리트를 사용하면 새로운 건축의 세계를 열 수 있었다. 필로티를 세워서 그 위로 건물을 지으면, 지층이 열린 공간으로 개방된다. 벽돌이나 석재를 수직으로 쌓아올릴 일 없으니 각 층마다 벽과 공간 배치를 자유롭게 구상할 수 있다. 건물은 내부 기둥으로 버티기에, 외벽은 유리로 막는다. 거추장스런 파사드 장식은 걷어치운다. 건물 지붕도 평평하게 콘크리트로 덮은 후, 옥상 테라스로 사용한다.

이런 식으로 한적한 전원에 별장을 지어놓으면, 안에서도 채광을 마음껏 받을 수 있고, 밖에서 봐도 집의 볼품없는 외모를 주변 나무들이 보완해준다. 이 건축가의 유명한 '빌라 사부아Villa Savoye'가 좋은 예다. 그러나 르 코르뷔지에는 야심가였다. 그의 꿈은 집 한두 채를 그렇게 멋없이 지으려는 것이 아니었다. 온 도시를 그런 집들로 확 바꿔버리는 것, 그것이 그의 꿈이었다. 철근 콘크리트 사각형 공간을 쌓고 또 쌓아 일체의 변화와 일탈, 유희와 장식을 추방해버린 도시 건축.

1925년, 르 코르뷔지에는 파리 국제 산업 디자인 박람회에서 파리 재개발 비전을 만인에게 공개한다. 이름은 '이웃 설계안Plan Voisin'. 먼저 할 일은 파괴. 센 강 북쪽 구도심의 꼬불꼬불한 골목과 교회 등 공공건물을 모조리 철거한다. 말끔히 치워진 공간에는 가로 세로 직선 길을 낸다. 그 다음에는 건축. 건물은 하나같이 똑같은 모양으로 60층짜리 직사각형 건물들이 앞뒤, 옆으로 빼곡히 들어선다. 사이사이 약간의 녹지는 남겨놓는다. 이런 공간에서 어떻게 사이좋은 '이웃' 공동체가 만들어질 수 있는가? 가능하다. 모든 인간이 동일한 생활수준에서 동일한 생각을 하며 동일한 감성을 품고 동일한 꿈을 먹고 산다면.

다행히도 아무도 이 스위스인의 끔찍한 제안을 받아들이지 않았다. 그러나 1925년 파리 디자인 박람회에서 그에게 흠뻑 빠진 이들이 있었다. 막 러시아 공산주의 혁명을 완수하고 인간을 동일하게 만드는 프로젝트에 착수한 소련 사람들이 그들이다. 1923년에 끝난 내전을 통해 혁명에 걸림돌이 되는 100만 명가량의 사람들을 제거한 후 본격적인 건설투쟁에 나선 이 공산주의자들은 르 코르뷔지에의 열성 팬이 된다.

무신론과 과학적 유물론이 공식 종교인 소비에트의 수도 모스크바Moskva에는 둥글둥글한 모습의 돔을 머리에 얹고 있는 러시아 정교회 교회당들이 너무 많다. 이 야만을 더 이상 방치할 수 없다고 판단한 위대한 영도자 스탈린Stalin 동지. 그는 1932년에 '구세주 예수 교회'를 철거하고 거기에 '소비에트 궁전'을 지을 것을 지시한다. 소비에트 공산주의자와 마찬가지로, 무신론과 과학에 대한 신앙이 깊은 르 코르뷔지에는 흉측한 교회당을 제거한 자리에 지을 건물 설계안을 소련 정부에 제출한다. 그의 안은 채택되지 않았으나, 좌절할 필요는 없었다. 대세는 그의 편이었다. 만민이 균등한 소련, 만민이 평등한 미국, 이 위대한 두 젊은 나라들의 도시에는 철근 콘크리트 상자곽을 끝없이 위로 쌓아놓은 건물들이 쭉쭉 올라가고 있었다. 스웨덴 스톡홀름Stockholm 재개발 프로젝트에도 그의 비전이 일부 반영됐다.

그리고 머지않아 제2차 세계대전이 발발했다. 유럽 도시들의 갑갑한 골목들과 쓸데없는 교회 건물들은 폭격과 공습에 무참히 파괴됐다(불 6장 참조). 파괴는 건설의 전제. 전쟁은 결국 끝났고, 드디어 그의 시간이 도래했다. 전쟁이 지워버린 공간 위에 과거와는 말끔히 단절된 새로운 건물들을 세우는 것은 사회 정의에도 부합하는 일이었다. 도시 빈민들은 비좁은 다락방이나 햇빛 안 드는 골방에서 살았던 고대 로마의 인술라부터 시작해(피 2장 참조) 수천 년간 언제 집다운 집에서 산 적 있던가? 이들을 위해 햇빛 들고 전망 트인 아파트를 지어주는 것, 이보다 더 유익한 일이 어디 있겠는가?

마침내 프랑스에서도 르 코르뷔지에의 비전을 구현할 기회가 찾아왔다. 프랑스 공화국의 위촉을 받아 르 코르뷔지에는 마르세유

시테 라디우스의 내부 복도

Marseilles에 아파트 건물을 짓는다. 건물 하나 짓는 것으로 끝나는 프로젝트가 아니었다. '생활방식을 변화시킬 새로운 건축 기법'을 반영한 '거주 단위', '유니테 다비타시옹Unité d'Habitation'의 모범을 보여주자! 이것이 발주자나 건축가의 생각이었다. 1947년에 공사를 시작해서 1952년에 마무리한 '유니테 다비타시옹'의 이름은 '시테 라디우스Cité radieuse'(광채 나는 도시)였다. 지층은 필로티로 띄워놓고 그 위로 층층이 올라간 주거 공간이 총 337개였다. 층마다 긴 직선 복도가 나 있고, 지층과 옥상에는 생활 편의시설과 공유시설이 있었다. 필로티 지층 제외 총 18층으로, 건물의 한쪽은 객실 스물한 개짜리 호텔로 썼다.

과학적 건축가의 눈에는 '광채'가 이 단조로운 건물 어디에선가 발휘됐겠지만, 문외한인 일반인들의 눈으로는 그 광채를 보기 어려웠다. 르 코르뷔지에식 건축에서는 채광이 장점이어야 하지만, 이 건물은 남향이 아닌 동향. 건물 한쪽은 오전에만, 반대쪽은 오후에만 지중해 프랑스 남부 항구 도시의 풍성한 햇빛이 들었다. 시민들이 붙여준 이 건물의 별명은 '라 메종 뒤 파다La Maison du fada'(정신이 돈 자의 집)이었다.

제2차 세계대전 후 유럽 및 세계 모든 도시들에서 '라 메종 뒤 파다'들이 끝없이 복제됐다. 그나마 유럽 도시들의 구도심은 철거와 재건축을 규제한 덕에(발 1장 참조) 르 코르뷔지에의 '이웃 설계안'이 실현되지 못했다.

06 20세기 | 런던 본드 가

나는 런던 산책을
아주 사랑한답니다

크리스마스 조명을 밝힌 본드 가

세상의 수많은 '클리리사 댈러웨이'가 눈치 보지 않고,
남자의 보호 없이, 활개 치며 도시를 걷기까지
얼마나 오랜 세월을 기다려야 했던가.

클라리사 댈러웨이Clarissa Dalloway의 집은 웨스트민스터 의사당에서 멀지 않다. 남편 리처드는 잘나가는 하원의원. 의사당 가까운 번듯한 집에서 산 지 벌써 20년이 넘었다. 6월의 화사한 날씨가 그녀를 집 밖으로 이끈다. 혼자 걸어서 그날 저녁 파티에 쓸 꽃을 직접 살 겸 씩씩한 발걸음으로 도시 길을 밟는다. '세인트제임스 공원St. James's Park'을 가로질러 피카딜리 서커스Piccadilly Circus를 건너, 북쪽 본드가Bond Street에 있는 목적지로 향한다.

도시는 클라리사의 놀이터. "나는 런던 산책을 아주 사랑한답니다. 정말, 시골 산책보다 훨씬 더 낫거든요." 세인트제임스 공원에서 마주친 남성 지인에게 클라리사는 말한다. 50대에 들어섰으니 젊다고는 할 수 없으나, 아직 그녀의 타고난 활달함은 사그라지지 않았다. 피카딜리를 지나칠 때 자신이 "매우 젊지만, 동시에 말할 수 없이 늙었다고" 느끼나, 도시 길거리에서 마주치는 모든 대상을 그녀는 가슴에 담으며 걷는다. "그녀가 사랑하는 것은 이곳, 여기, 지금, 그녀 바로 앞, 택시에 앉은 뚱뚱한 여인."

런던에서 태어나 자란 버지니아 울프Virginia Woolf의 소설 『댈러웨이 부인Mrs. Dalloway』(1925)의 시작 부분이다. 여자 혼자서 런던을 산책하는 것이 오늘날 독자들의 눈에는 대수로울 것 없어 보인다. 그러나 클리리사 댈러웨이가 아무런 걱정 없이, 눈치 보지 않고, 남자의 보호 없이, 활개 치며 도시를 걷기까지 1,000년, 2,000년, 아니 그때까지 수천 년 인류의 역사가 흘러 지나갔어야 했다. 민주주의 요람 아테네에서도 여성을 집 안에 가둬두고 남성들만 도시를 전유한 역사도 있었고(물 1장 참조), 홀로 걷는 여성은 몸을 파는 여성으로 간주해온 역사(발 3장 참조)도 존재했다.

「본드 가의 댈러웨이 부인」은 『댈러웨이 부인』의 맹아가 된 버지니아 울프의 1923년 단편소설 제목이다. 이 단편에서는 댈러웨이 부인이 본드 거리를 홀로 활보하는 의미를 좀더 직설적으로 규명한다.

> 한 100년 전 그녀의 고조할아버지 시머 패리가 본드 가를 걸어 다녔다. 패리 가문 사람들은 본드 가로 걸어 다녔다, 수 백 년 동안. 아마 거기서 댈러웨이 가문 사람들과 마주쳤을 법하다. 그녀의 아버지도 그 거리에 있는 힐스 가게에서 옷을 맞춰 입었다.

수백 년간 자기 친정인 패리 집안이건, 남편 쪽 댈러웨이 집안이건, 본드 가를 활개 치며 다닌 이들은 모조리 남성이었다. 이제 드디어 딸의 시간이 왔다. 역사의 시계는 1920년대까지 달려왔다. 이제는 댈러웨이 '부인', 패리 집안의 딸 클라리사도 본드 가 향유권을 주장한다.

그렇게 되기까지의 과정은 순탄치 않았다. 일단 도시의 길부터 문제였다.

클라리사 댈러웨이는 지금 영국에서 1년 중 해가 제일 긴 6월 오전에 산책을 나왔지만, 런던은 가을부터 해가 짧아져서 한겨울에는 5시면 어둡다. 조명 안 된 거리를 여성이 홀로 걷는 것은 매우 위험했다. 런던에 전기 가로등이 처음 설치되어 밤길이 대폭 밝아진 것은 1878년, 도시 전체 길이 골고루 밝아진 것은 1880년대다.

보행자가 걸을 길도 마차와 말이 운송 수단이던 시절에는 말들이 남기는 오물이 런던에 자주 내리는 비와 뒤섞여 흉측한 상태였다. 마차의 바퀴 소리가 돌로 포장한 길과 충돌하는 소음도 만만치 않았다. 1899년에 처음 등장한 자동차 버스가 1904년 들어서 더욱 늘어나자, 1905년에는 런던의 마차 버스 회사들도 말들을 보내고 자동차를 구입한다. 자동차들이 마차를 밀어내자 런던 도로의 소음은 현저히 줄어들었고, 인도는 깨끗해졌다.

런던이 걷기 좋은 도시가 되면서 여성들은 길거리로 쏟아져 나왔다. 이들은 참정권을 요구했다. 1907년 2월 3,000여 명의 여성들이 하이드 공원Hyde Park에 모여 의사당을 향해 행진했다. 3월에는 75명의 여성 운동가가 의사당 건물 진입을 시도하다 검거됐다.

이렇게 시작된 여성 참정권 운동은 해를 거듭할수록 시위대 규모가 늘어나고, 행동은 점점 더 과격해졌다. 운동가들이 검거되면 죽을 각오로 음식을 거부했다. 한 운동가는 경마장에 뛰어들다 목숨을 잃었다.

여성 참정권을 거부하기 힘든 분위기가 조성될 무렵, 제1차 세계

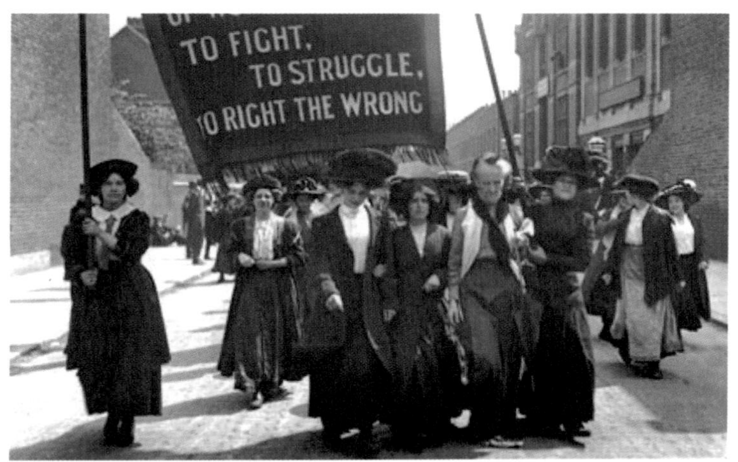

1907년 여성 참정권 운동에 나선 시위대

대전이 발발하자 급한 불부터 끄자는 쪽으로 여론이 돌아섰다. 전쟁터로 남성들이 끌려가 죽고 있을 때, 여성들은 남성들이 하던 노동의 상당 부분을 떠맡았다. 남성이 하는 일을 능히 해내는 여성들이 열등한 존재라는 주장을 더 이상은 펼치기 어려웠다.

전쟁이 끝나던 해인 1918년 2월에 30세 이상 여성 모두에게 투표권을 주는 법안이 마침내 의회의 문턱을 넘었다. 같은 해 11월에는 여성이 하원의원으로 당선될 권리를 보장하는 법이 통과됐다. 그리고 이듬해 11월, 최초의 여성 하원의원 낸시 애스터Nancy Astor가 의사당에 출근한다.

영국 여성의 참정권 나이가 21세로 내려간 것은 1929년이다. 울프의 『댈러웨이 부인』은 아직 20대 여성이 제대로 된 성인 대접을 받기 전에 출간됐다. 그러나 여성들을 도시의 길거리에서 배척할 수 있는 시대는 종식됐다.

전쟁이 끝나자 여성들의 복식도 획기적으로 변했다. 고대부터 이전 시대까지 여성들이 입었던, 바닥에 질질 끌리던 긴 치마는 마침내 사라졌다. 치마 길이가 대폭 짧아지자, 여성의 발목은 롱 드레스의 질곡에서 해방됐다. 걷기 편한 옷을 걸친 여인들은 1920년대부터 서슴없이 도시의 길거리로 나오기 시작했다. 이들의 할아버지, 아버지들만이 전유하던 그 길들로.

주로 집 안에 갇혀 지내며 외출 다녀온 아빠와 오빠가 들려주는 이야기나 듣던 딸들, 마차 안에 앉아서, 또는 남편의 팔짱에 기대어 조심조심 집 밖 도시 공간을 이동하던 부인들, 생존을 위해 섹스를 팔려고 길거리를 배회하던 여성들. 이들이 꾸던 꿈은 여성이 남성과 마찬가지로 낮에 출근하고, 도시 길거리에 대한 정당한 권리를 행사하는 것. 그 꿈이 이루어져 남녀가 함께 도시를 공유하게 된 역사는 이제 불과 100년 정도밖에 안 된다.

07 17세기·21세기 | 밀라노 두오모 대성당

전염병에 감금당한 도시들의 하늘 위로

밀라노 두오모 대성당

모두 텅 비어 한낮에도 잠들어 있는 도시들.
이 악몽에서 하루 빨리 깨어나기를,
다시 군중의 발길이 광장, 거리, 골목에 가득 채워지기를!

이탈리아의 자랑이요, 전 세계인이 사랑하는 우리 시대 최고의 미성 테너 안드레아 보첼리Andrea Bocelli. 이 맹인 성악가가 2020년 4월 12일에 아름다운 목소리로 구노Gounod의 〈아베 마리아〉를 불렀다. '두오모 디 밀라노Duomo di Milano', 밀라노 대성당 안에는 성악가와 오르간 반주자, 단 두 사람만 보였다. 성당 밖 광장은 대낮임에도 인적이 끊겼다. 드론 카메라는 공연 시작 전에 밀라노, 베르가모Bergamo, 브레시아Brescia, 베네치아 상공을 돌았다. 길거리는 텅 비었고 사람이 모여야 할 광장은 제 역할을 하지 못한다. 코비드19, 중국 우한이 전 세계에 선물한 끔찍한 전염병이 살아 있는 이들을 모두 집 안에 가둬 놓았다.

죽은 이들의 수는 매일 폭증했다. 2월에 첫 희생자가 나온 이후, 3월부터 사망자 통계 그래프가 급격한 곡선을 그리며 올라갔다. 보첼리가 〈아베 마리아〉를 부르는 그 순간에도 사람들은 죽어가고 있었다. 4월 12일 사망자 수는 2만 명을 향해 치달리고 있었고, 4월 13일 누적 사망자 수는 20만 465명에 달했다.

유튜브로 전 세계에 중계된 이 공연의 제목은 '희망을 위한 음악'이었다. 집 안에 갇힌 이들, 병실에 누운 이들, 이들을 돌보는 이들, 모두의 심금을 울린 보첼리의 노래는 우렁찬 희망의 노래들은 아니었다. 〈파니스 안젤리쿠스〉, 〈아베 마리아〉, 〈산타 마리아〉. 라틴어 가사의 잔잔한 가톨릭 성가들이었다. "성모 마리아시여, 우리를 위해 기도해주소서."

마지막 곡은 〈어메이징 그레이스〉. '나 같은 죄인 살리신'으로 번역된 개신교 찬송가지만 누구나 잘 아는 대중적인 노래다. 보첼리는 성당 밖으로 나왔다. 성당을 등지고, 텅 빈 두오모 광장을 향해 "주님의 놀라운 은혜"를 외치는 동안, 카메라는 밀라노를 돌고 나서 유럽의 다른 도시들을 비췄다. 파리, 런던, 그리고 마지막으로 온 유럽이 함께 낳은 세계인의 도시인 뉴욕을 조망했다.

모두 코로나의 공격에 쓰러져 있는 도시들이었다. 하나같이 텅 비어 있었다. 한낮에도 잠들어 있는 도시들. 도시들은 꿈꾸고 있었다. 이 악몽에서 깨어나기를. 다시 군중의 발길이 광장, 거리, 골목에 채워지기를. 다시 일상이 돌아오기를.

중세 시대 밀라노는 이탈리아 반도의 1부 리그 도시는 아니었다. 역사는 바뀌지만 또한 반복된다. 14세기 중반, 아시아에서 유래한 흑사병이 유럽 도시들을 휩쓸었을 때 가장 번화한, 따라서 가장 인구가 밀집된 1급 도시들의 사망자 수가 가장 많았다. 1347년에서 1351년까지 흑사병으로 인한 사망자 수의 공동 1위는 베네치아와 런던(10만), 3위는 시에나(7만), 공동 4위는 피렌체와 아비뇽(6만), 6위는 파리(5만)였다. 밀라노의 흑사병 사망자 수는 상위 그룹에 들지 않았다.

밀라노가 흑사병에 제대로 능욕당한 것은 17세기에 들어와서였

17세기 밀라노에서 흑사병으로 죽은 사람들을 치우고 있다

다. 당시 30년 전쟁이 전개되던 독일 지역이 병의 진원지였으나, 전쟁에 참가했던 베네치아 병사들이 병을 옮겨왔다. 흑사병은 인구 14만 명의 베네치아를 습격해 33퍼센트를 죽였다. 17세기 밀라노는 스페인 합스부르크 왕실이 통치하던 도시로, 이탈리아 반도와 알프스 북쪽 유럽을 연결하는 교통 요충지인 까닭에 인구가 꾸준히 늘고 있었다. 오늘날보다 훨씬 더 좁은 공간, 스페인 통치자가 지은 성벽에 에워 싸여 있던 밀라노 성벽 안에는 살인 바이러스의 먹잇감이 빼곡히 채워져 있었다.

흑사병이 접근해 오자, 밀라노 시 당국은 시민들의 자가 격리, 독일인 병사의 도시 진입 금지, 타 지역 물품 반입금지 등의 조치를 취했다. 그러나 모두 속수무책. 1630년 봄에 방어막을 뚫은 전염병은 1631년 봄과 여름에 다시 도시를 헤집고 다녔다. 인구 10만의 밀라노는 무려 46퍼센트, 4만 6,000여 명이 1629년부터 1631년 사이에 전염병으로 죽었다. 밀라노의 사망자가 최고 수준인 덕에, 이 전염병은 '밀라노 대역병'이라는 명칭을 얻었다.

21세기의 흑사병인 코로나 바이러스는 중세 흑사병이나 17세기 페스트와는 달리, 유럽 도시에만 국한되지 않았다. 전 세계가 하나의 네트워크로 묶인 21세기, 편리한 물품과 편리한 가격을 맹종하는 소비 문화는 유럽과 중국을 견고한 무역의 밧줄로 묶어놓았다. 쓸 돈이 늘어난 중국인들은 이탈리아 '명품'의 열정적 소비자들로 부상했다. 직접 현지에서 '짝퉁'이 아닌 정품 명품을 사러 몰려온 중국인 관광객들이 뿌리고 가는 돈의 맛은 달콤했다. 중국 관광객 부대가 유독 선호하는 표적은 베네치아가 있는 베네토Veneto 지방과 밀라노가 있는 롬바르디아Lombardia. 2017년 기준으로 베네토에 78만 4,937명, 롬바르디아에 55만 4,755명의 중국인이 왔다갔다.

2020년 2월, 중국 덕에 돈을 벌던 비즈니스 연결망은 전염병의 공격 루트로 돌변했다. 우한발 코로나 바이러스는 이탈리아와 유럽 도시들을 순식간에 포위하고 사정없이 목을 졸라댔다. 롬바르디아와 베네토는 21세기 페스트 희생자를 가장 많이 배출했다.

그래도 도시는 살아남는다. 17세기 전염병에서 인구가 거의 반토막 났던 밀라노도 살아남았다. 그리고 시대가 바뀌어 19세기에 이탈리아가 통일되자, 새 국가의 근대화를 선도하는 도시로 급부상했다. 중세와 근세의 맹주들이던 베네치아와 피렌체를 한참 밑으로 따돌리고 홀로 질주한 밀라노는 20세기 후반에는 광역시까지 포함하면 이탈리아에서 가장 큰 대도시로 등극했다.

수백만 명의 생명을 품고 있는 도시, 수백만 명의 영혼이 살아 있는 도시.

2020년 4월 12일은 일요일이고 부활절이었다. 온 인류의 죄를 짊어지고 십자가에서 마지막 피 한 방울까지 흘린 하느님의 아들, 예수 그리스도가 미리 예고한 대로 사흘 후에 다시 부활한 날을 기념하는 그리스도 교회의 가장 중요한 축일.

2020년 4월 12일. 밀라노 대성당을 가득 메운 신도들의 찬미나 사제들의 기도 소리를 들을 수 없었다. 하지만 동영상 앞부분에서 드론이 인적 끊긴 밀라노를 하늘에서 찍는 동안, 보첼리의 목소리가 들렸다. "나는 믿습니다, 기독교의 부활절을, 다시 태어남의 보편적인 상징을."

부활의 꿈을 꾸는 이들을 위한 예배의 터전 밀라노 두오모. 두오모에서 부르는 전 세계를 위한 보첼리의 노래는 오직 고난 속에서만 들을 수 있는 희망의 노래였다.

여행을 끝맺으며

지금껏 함께 다녀본 유럽 도시 인문기행. 그 시간과 공간들이 지향하는 바는 아름다움과 정의로움의 조화다. 정의의 이름으로 획일적 균등을 강요하지 않고 아름다움을 위해 정의로운 분배를 희생시키지 않는 도시, 역사가 스며 있으되 정체되지 않은 도시, 이것이 역사를 품은 유럽 도시들 그리고 그들의 역사가 지향하는 이상이다.

이 여행에서 자주 들렀던 오래된 성당들은 정의로움과 아름다움이 어떻게 조화를 이룰 수 있는지를 모든 후대 도시들에게 가르쳐준다. 정의로운 삶을 서약하며 인간이 초월자에게 바친 대성당은 그 건물을 품고 있는 유럽 도시들에게 아름다움과 정의로움은 하나 되어야 함을 깨닫게 해주기에 고밀도 난개발의 악령을 어느 정도는 제어하고 있다.

모든 여행에는 끝이 있다. 유럽 도시 인문기행도 끝을 피할 수 없다. 떠났고, 이제 돌아온다. 지금, 여기 이 땅의 도시들로. 그리고 우리의 도시들에게 묻는다. 그대들은 아름다운가? 정의로운가? 아니면 순전히 편의와 이익을 위한 도구일 뿐인가?

이 작은 책에서 답까지 찾기는 어렵겠지만, 각자의 마음속에 이 땅의 도시들에 대한 질문을 간직하자. 도시들의 미래를 위해.

참고문헌

1. 도서

Ackroyd, Peter. *Venice: Pure City*. London: Vintage, 2010.

Baker, J. H. *An Introduction to English Legal History*. 4th ed. Oxford: Oxford University Press, 2007.

Boswell, James. *London Journal 1762-1763*. Ed. Gordon Turnbull. London: Penguin, 2014.

Brucker, Gene. *Florence: The Golden Age, 1138-1737*. Berkeley: University of California Press, 1998.

Burkholder, J. Peter et al. *A History of Western Music*. New York: Norton, 2006.

Cicero . *Selected Political Speeches of Cicero*. Trans. Michael Grant. London: Penguin, 1973.

Dante. *La Commedia secondo l'antica vulgata. Vol. 2: Inferno*. Ed. Giorgio Petrocchi. Firenze: Casa Editrice Le Lettere, 1994.

Dante. *La Commedia secondo l'antica vulgata. Vol. 3: Purgatorio*. Ed. Giorgio Petrocchi. Firenze: Casa Editrice Le Lettere, 1994.

Dante. *La Commedia secondo l'antica vulgata. Vol. 3: Paradiso*. Ed. Giorgio Petrocchi. Firenze: Casa Editrice Le Lettere, 1994.

Demetz, Peter. *Prague in Black and Gold: The History of a City*. London: Penguin, 1997.

De Ridder-Symoens, H. ed. *A History of the University in Europe. Vol. 1: Universities in the Middles Ages*. Cambridge: Cambridge University Press, 1992.

Dickens, Charles. *Oliver Twist*. Oxford: Oxford University Press, 1949.

Favier, Jean. *Paris: Deux mille ans d'histoire*. Paris: Fayard, 1997.

Favro, Diane. *The Urban Image of Augustan Rome*. Cambridge: Cambridge University Press, 1996.

Gayford, Martin. *Michelangelo: His Epic Life*. London: Penguin, 2017.

Giannetti, Stefano e Vincenzo. *Firenze città magnifica: La storia dalle origini ad oggi*. Firenze: Angelo Pontecorboli Editore, 2016.

Goethe, Johann Wolfgang von. Trans. David Luke. *Selected Poetry*. London: Penguin, 2005.

Goethe, Johann Wolfgang von. *Selected Works*. London: Everyman's Library, 1999.

Hibbert, Christopher. *Rome: The Biography of a City*. London: Penguin, 1985.

Holt,Mack P. *The French Wars of Religion, 1562-1629*. Cambridge: Cambridge University Press, 2005.

Horne, Alistair. *Seven Ages of Paris: Portrait of a City*. London: Macmillan, 2002.

Hughes, Robert. *Barcelona*. London: The Harvill Press, 1992.

Hunt, Tristram. *Building Jerusalem: The Rise and Fall of the Victorian City*. London: Phoenix, 2005.

Hunt, Tristram. *Marx's General: The Revolutionary Life of Friedrich Engels*. New York: Henry Holt, 2010.

Inwood, Stephen. *A History of London*. London: Macmillan, 1998.

Johnson, Paul. *Mozart: A Life*. London: Penguin, 2014.

Jones, Colin. *Paris: Biography of a City*. London: Penguin, 2004.

Juvenal. *Juvenal and Persius*. Trans. G. G. Ramsay. Cambridge, MA: Harvard University Press, 1996.

Mayhall, Laura E. Nym. *The Militant Suffrage Movement: Citizenship and Resistance in Britain, 1860-1930*. Oxford: Oxford University Press, 2020.

Mayhew, Henry. *London Labour and London Poor. Vol. 2*. New York: Dover, 1968.

Meunier, Florian. *Paris du Moyen Age*. Rennes: Ouest-France, 2014.

Mumford, Lewis. *The City in History: Its Origins, Its Transformations, and Its Prospects*. New York: Harcourt Brace Jovanovich, 1961.

Nevenkin, Kamen. *Fortress Budapest: The Siege of the Hungarian Capital, 1944-45*. Keszthely: Peko, 2010.

Norwich, John Julius. *A Short History of Byzantium*. London: Penguin, 2013.

Parker, Roger ed. *The Oxford Illustrated History of Opera*. Oxford: Oxford University Press, 1994.

Petrioli, Andrea e Fabrizio. *1216 Firenze al tempo dei Guelfi e Ghibellini*. Firenze: Edizioni Polistampa, 2018.

Prak, Maarten. *The Dutch Republic in the Seventeenth Century*. Trans. Diane Webb. Cambridge: Cambridge University Press, 2005.

Roberts, J. W. *City of Sokrates: An Introduction to Classical Athens*. 2nd ed. London: Routledge, 1998.

Schiller, Friedrich. *On the Aesthetic Education of Man: In a Series of Letters. English and German Facing*. Trans. and ed. Elizabeth M. Wilkinson and L. A. Willoughby. Oxford: Clarendon, 1982.

Sheppard, Francis. *London: A History*. Oxford: Oxford University Press, 1998.

Strabo. *The Geography of Strabo*. Cambridge, MA: Harvard University Press, 1923.

Swafford, Jan. *Beethoven: Anguish and Triumph*. New York: Houghton Mifflin Harcourt, 2014.

Vasari, Giorgio. *Le vite de' più eccellenti pittori, scultori e architettori*. (pdf). http://www.liberliber.it

Vitruvius. *Ten Books on Architecture*. Trans. Ingrid D. Rowland. Ed. Ingrid D. Rowland and Thomas Noble Howe. Cambridge: Cambridge University Press, 1999.

Weber, Max. *Economy and Society: An Outline of Interpretive Sociology*. Ed. Guenther Roth and Claus Wittich. Berkeley: University of California Press, 1978.

Wills, Gary. *Venice: Lion City: The Religion of Empire*. New York: Washington Square Press, 2001.

Woolf, Virginia. *Mrs Dalloway*. Ed. David Bradshaw. Oxford: Oxford University Press, 2000.

2. 인터넷 사이트

accademiamacelleriaitaliana.it

apfelwein24.de

archive.org

cookist.it

cucchiaio.it

de.wikipedia.org

en.wikipedia.org

es.wikipedia.org

firenze.repubblica.it

fr.wikipedia.org

goethezeitportal.de

gutenberg.org

hs-augsburg.de

it.wikipedia.org

lacucinaitaliana.it

marxists.org

mdr.de

mlwerke.de

statista.com

thelatinlibrary.com

via.library.depaul.edu

youtube.com

도판 출처

57쪽 생드니 성당 www.saint-denis-basilique.fr

96쪽 프랑크푸르트의 사과주 www.frankfurt-tourismus.de

133쪽 콜로세움 내부 Ahmed Rasheed on Unsplash

138쪽 프라하 구시가 광장 www.praguecitytourism.cz

141쪽 프라하 유태인 묘지 by Postdlf, Wikipedia CC BY-SA 3.0

151~155쪽 산조반니 세례당에 모인 세 십자가 by Sailko, Wikimedia CC BY-SA 3.0

226쪽 에스테이트 극장 내부 www.narodni-divadlo.cz

234쪽 생 라자르역 by Moonik, Wikipedia CC BY-SA 3.0

280쪽 프라도 미술관과 세르반테스 동상 by Emilio J. Rodríguez Posada, Wikipedia CC BY-SA 2.0

312쪽 케른트너토어 극장 자리에 들어선 호텔 자허 www.sacher.com

318쪽 맨체스터 시청사 by Mark Andrew, Wikipedia CC BY 2.0

336쪽 밀라노 두오모 대성당 by Jiuguang Wang, wikipedia CC BY-SA 3.0

324쪽 시테 라디우스 https://www.marseille.archi.fr/wp-content/uploads/2013/05/FPC_%C3%A9preuves-2014_histoire.pdf

328쪽 시테 라디우스의 내부 복도 by Captainm, wikipedia CC BY-SA 4.0

7개 코드로 읽는 유럽 도시

초판 1쇄 발행 2021년 1월 7일
초판 6쇄 발행 2023년 3월 5일

지은이 윤혜준
펴낸이 김종길 **펴낸 곳** 글담출판사 **브랜드** 아날로그

기획편집 이은지 · 이경숙 · 김보라 · 김윤아 **영업** 성홍진
디자인 손소정 **마케팅** 김민지 **관리** 김예솔

출판등록 1998년 12월 30일 제2013-000314호
주소 (04029) 서울시 마포구 월드컵로8길 41 (서교동 483-9)
전화 (02) 998-7030 **팩스** (02) 998-7924
블로그 blog.naver.com/geuldam4u **이메일** geuldam4u@geuldam.com

ISBN 979-11-87147-67-1 (03920)

책값은 뒤표지에 있습니다.
잘못된 책은 바꾸어 드립니다.

만든 사람들
책임편집 김보라 **표지디자인** 김종민 **교정교열** 윤혜숙